002

陆游的乡村世界

包伟民　著

社会科学文献出版社
SOCIAL SCIENCES ACADEMIC PRESS(CHINA)

第五章　商贸聚集：村店堆盘豆荚肥   120

  一　米盐之市   120

  二　犬吠船归   125

  三　交易内容   133

第六章　乡居生活：垫巾风度人争看   143

  一　四方书问   143

  二　八世为儒   155

  三　社会角色   159

结　语   163

参考文献   166

后　记   173

引　言

一

　　年轻时，笔者十分爱读南宋著名诗人陆游的绝笔诗《示儿》："死后元知万事空，但悲不见九州同。王师北定中原日，家祭无忘告乃翁。"① 既为他深沉执着的爱国激情所感动，也敬佩其"死后元知万事空"的凝远通达。进入老年，慢慢地更喜欢陆游的另一名篇《游山西村》了，着迷于它的自然成趣、恬淡隽永，尤其是诗句所描述的八百年前浙东农户的淳朴敦厚，"莫笑农家腊酒浑，丰年留客足鸡豚"，以及生活与自然的和谐，"山重水复疑无路，柳暗花明又一村"，② 觉得余味无穷。这大概是自己阅世既久，能够真正体会日常生活的意义，更因为多年从事史学研究，对于当代史学难以触及历史时期人们真实生活的状况，越来越不满意了。

　　我们的祖先们为了使子孙后代能够从先人的生活经历中有

---

① 陆游著，钱仲联校注《剑南诗稿校注》（以下简称《诗稿》）卷八五，嘉定二年冬十二月作于山阴（下文同此，仅非创作于山阴的诗篇才注明地点），上海古籍出版社，2005，第 8 册，第 4542 页。

② 《诗稿》卷一，乾道三年春，第 1 册，第 102 页。

所受益，向他们讲述先前的故事，传授经验，这大概就是历史学的起源，它同时也体现了历史学的一个基本特性——"叙述"。或者说：讲故事。近代以来，随着历史学研究方法的社会科学化，这门学科日益以解剖、分析历史时期人类社会为己职。这对于我们认识以前的人类社会提供了许多帮助，但同时也常常使我们停留在"性质""结构"等概念中的历史社会，有一种悬空八只脚的不落实感，对于人们在历史上的真实生活有点隔膜。与此同时，经典的历史学理论虽然强调历史为劳动人民所创造，在实际的研究工作中，由于留存至今的历史资料绝大部分只记载上层社会的帝王将相，基层民众的历史活动总是隐晦不显，为人们所遗忘，普罗大众就不幸地成为沉默的大多数。

于是，这推动着笔者将自己观察的目光转向历史时期的乡村社会。

可是，想要观察分析中国传统时期县级政权之下基层的乡村社会并不容易。事实上，史学界一向重视研究乡村基层社会，对于十至十三世纪这个在中国传统社会中具有前后转折意义的两宋时期，更是如此。只不过，当时虽然雕版印刷术开始普及，保留下来的书籍比前代多了好几倍，但关于基层社会的记载依然十分有限。目前讨论相对深入的部分，仍然不免集中在国家制度等方面的内容，例如关于如何编造户籍、组织乡里保甲、征发赋役等，其他方面，尤其是关于村民们的日常生活，则大多不得不停留在泛泛而谈的层面，难以真正深入，令人沮丧。例如，无论是对后期历史的许多研究发现的，还是当今现实生活向我们提示的，都可以推知十世纪至十三世纪的宋代乡村社会必然存在明显的地域性差异，但是现有的研究却常常不得不满足于平面的笼统描述。

困窘的局面促使我们改变观察的视角，也许不再执着于传统研究思路所关注的各种社会科学式的"问题"，而是尽可能回归历史学的本义，从专注分析转向侧重叙述，这样至少在某些方面，尽可能去复原两宋时期乡村民众的各种生活场景，有一定的可能性。在这一方面，宋代文人留给我们的海量田园诗，能够为我们提供不少历史信息。

陆游（1125～1210）就是这样走进了笔者的视野。

在中国历代诗人中，诗作保留到今天、数量最多的就是陆游，达9362首。据估计，共72册的《全宋诗》中共收录了不下九千余位诗人的作品，共计27万余首，陆游一个人的诗作在其中占了近3册，约为总数的3.4%。而且陆游长期居住在浙东农村，他的诗作大部分是反映乡村生活的内容，因此是一个十分难得的资料宝库。

二

在这里，我们有必要先简单介绍一下陆游的生平事迹。

陆游，字务观，号放翁，公元1125年，宋徽宗宣和七年的农历十月十七日，他出生在一条行进在淮河的官船之上。当时他的父亲陆宰（1088～1148）从淮南路转运副使任上接到诏令，回京城开封府向朝廷述职，由水路进京，结果到半路夫人唐氏在官船上产子，取名陆游。陆游是陆宰的第三子。后来陆游对自己的出生专门写过一首诗——《十月十七日，予生日也。孤村风雨萧然，偶得二绝句。予生于淮上，是日平旦，大风雨骇人，及予堕地，雨乃止》："少傅奉诏朝京师，舣船生我淮之湄。宣和七年冬十月，犹是中原无事时。"[①] 这当然是他后来根据长辈们的告知记下来的。

陆氏是江南越州（今浙江绍兴）山阴名族，据说五代时从嘉兴迁居杭州（南宋为行都，改称临安府），后又渡过钱塘江，迁至越州山阴县，赘居于城西鲁墟村，数代务农。到北宋真宗赵恒大中祥符五年（1012），陆游的高祖陆轸考中进士，陆氏家族才开始"起家"。近两百年后，陆游在写给儿子的诗中，还专门提到："西望牛头渺天际，永怀吾祖起家初。"[②] 从此，山阴陆氏成为官宦世家，子孙们或者通过科举，或者依靠门荫制度入仕为官，出了不少名宦。其中官位最高的是陆佃（1042～1102），他在宋神宗熙宁三年（1070）登进士第，曾经向王安石学习儒家经典。到宋徽宗赵佶继位的建中靖国元年（1101），陆佃升任尚书右丞，几个月后又升左丞，位列执政（副宰相）。陆游的父亲陆宰是陆佃的第五子，陆宰是通过门荫入仕的，官至吏部尚书，曾任南宋行都临安府的知府，但山阴陆氏要到陆宰的儿子陆游这一辈，才在文坛上大放异彩。

陆游出生之时，恰逢北宋亡国大难，金军正在大举南侵。女真金国在与宋朝双方约定海上之盟、联合灭辽后，于宣和七年（1125）十月出兵南下，进攻当时已经交还给宋朝的燕京

---

① 《诗稿》卷三三，庆元元年冬，第4册，第2199页。
② 《诗稿》卷四六《舍西晚眺示子聿》，嘉泰元年夏，第5册，第2829页。

府，拉开了灭宋战争，并在两次围攻开封府后，于宋钦宗靖康二年（1127）二月丙寅日（3月20日）掳掠宋徽宗、宋钦宗两个皇帝北上，北宋从此灭亡。当时陆宰居住在寿州（今安徽寿县），年幼的陆游在父母膝下。第二年，他跟着父母回到了越州城中故居。

1127年五月初一，宋徽宗第九子赵构（1107～1187）收拾残部，在南京应天府（今河南省商丘）即位，改元建炎，成为南宋第一位皇帝。建炎三年（1129）十月，金军为了彻底消灭新建立的南宋政权，再次起兵南侵，十一月渡过长江，一路追击赵构，连下建康府（今江苏南京）、临安府（今浙江杭州），直至明州（今浙江宁波）。为了躲避兵祸，陆宰带着母亲以及包括年仅六岁的陆游在内的全家人，向南逃到婺州东阳县（今浙江金华东阳）的深山之中，四年后才返回山阴故里。那时陆游已经九岁了。出生于国难之时，成长于兵乱之中，幼年的经历无疑是陆游形成以北伐复国为主题的爱国主义思想的最重要原因。

宋朝制度规定，中高级官员的子弟可以依程序直接出仕当官，称为"门荫"。绍兴六年（1136），陆游十二岁时，就已经通过其父亲的门荫，获得了登仕郎的低级官阶（官位级别），只是还没有被任命具体的职务。不过就像当时所有士大夫家庭的子弟一样，他们仍然以参加科举考试获得功名从而出仕为自己人生的首要目标。据说陆游少时就很会写文章，颇有文名，从东阳避难回越州后，他一直埋头苦读，刻苦用功，并且从绍兴十年（1140）十六岁那年起，开始参加科举考试，但一直不顺利。

十九岁时，陆游与表妹唐婉结婚，夫妻恩爱，鸾凤和鸣。可是他的母亲不喜欢唐婉，四年后陆游迫于母命，与唐婉仳离。第二年（绍兴十七年，1147）又应母命娶了夫人王氏。这一婚变给陆游留下了极深的精神创伤，他后来曾撰有多篇诗词表达对唐氏的眷念与自己的悲情，名篇《钗头凤》就是代表作。

绍兴二十四年（1154）陆游三十岁，参加由礼部主持的考试，权相秦桧因为陆游在初试时排名在自己孙子秦埙前面，更恼怒他喜欢谈论北伐恢复北方故土，将其黜落。① 这是他最后一次参加科举考试。第二年秦桧病死，南宋朝廷的政治出现一些变化。陆游经人荐举，开始出仕。有学者认为绍兴二十六年冬到二十七年，陆游曾经出任温州瑞安县主簿，是他的首次出仕为官。不过陆游后来曾有诗明确提到，绍兴二十八年（1158）自己三十四岁时出任福建宁德县（今福州蕉城区）主簿为"初仕"。②

绍兴三十年（1160）五月，陆游三十六岁，在福州司法参军任上奉朝廷征召，任敕令所删定官。这是他第一次到行都任职。这次他在临安府生活了三年。两年后，绍兴三十二年六月，宋高宗赵构退位为太上皇帝，养子赵昚（1127～1194）继位，他就是宋孝宗。九月，敕令所改为编类圣政所，陆游遂

---

① 参见《诗稿》卷四〇《陈阜卿先生为两浙转运司考试官，时秦丞相孙以右文殿修撰来就试，直欲首选。阜卿得予文卷，擢置第一。秦氏大怒。予明年既显黜，先生亦几蹈危机。偶秦公薨，遂已。予晚岁料理故书，得先生手帖，追感平昔，作长句以识其事，不知衰涕之集也》，庆元五年秋，第 5 册，第 2530～2531 页。
② 《诗稿》卷六六《予初仕为宁德县主簿……觉而感叹不已》，开禧元年秋，第 7 册，第 356 页；卷六四《绍兴中予初仕为宁德主簿……当时所尚也》，开禧元年冬，第 7 册，第 3654 页。

由枢密院编修官兼任编类圣政所检讨官。圣政所的工作是编撰皇帝的"圣政"，这是宋朝官修史书的一种，所以这也是陆游第一次出任朝廷的"史官"。

宋孝宗继位以后，改变了其养父赵构一味求和的方针，试图反击金国，重振国势，任用了一批主张北伐抗金的士大夫，又以陆游"力学有闻，言论剀切"，赐他进士出身，[①] 这样陆游终于有了一个科举功名。只可惜到了第二年，因为不满幸臣弄权，招致宋孝宗不高兴，被贬为镇江府（今属江苏）通判（州府的副长官）。三年后，改任隆兴府（今江西南昌）通判。不久却因"力说张浚用兵"等原因被罢官，回到山阴。这次陆游在山阴闲居了三年。

乾道五年（1169）年底，陆游四十五岁，得报被任命以左奉议郎的官阶出任夔州（今重庆奉节）通判，于是在第二年闰五月携家小前去四川赴任。陆游在四川任上历时八年，这是他官宦生涯中最为重要的一段经历。这中间他更换了几个不同的职务。乾道八年（1172）三月到十月，陆游出任置司于兴元府（今陕西汉中南郑区）的四川宣抚使司干办公事兼检法官，这是他所任官职最靠近前线的一次。四川宣抚使司是四川地区最高军政机构，陆游任职其中，就算是他生平中唯一的一次军旅生涯了。这八个月的军旅生涯促成陆游诗风更趋雄放，也是他一生最得意的时期。

淳熙五年（1178）二月，陆游得到朝廷诏令，携家人东还，回到了临安府。此后陆游又曾分别出任提举福建路与江西

---

① 《宋史》卷三九五《陆游传》，中华书局，1977，第 34 册，第 12057 页。

路的常平茶盐公事。到淳熙七年（1180）十一月，宋廷将其召回，但因谏官弹劾，陆游就回到了山阴故里。按宋朝的惯例，卸任官员在一定时间内可以挂名担任主管某个道观的祠官，称为"奉祠"。淳熙九年（1182）宋廷提拔陆游的官阶为朝奉大夫，让他担任"主管成都府玉局观"，实际上他仍然闲居乡里，只是可以请领一份祠官的俸禄。

四年后，宋廷再次召回陆游，先是命他出知严州（治所在今浙江梅城镇），后又到临安府任军器少监、礼部郎中。到淳熙十六年（1189）十二月，又被人弹劾，罢官返里。第二年除中奉大夫，提举建宁府（今福建建瓯）武夷山冲祐观。

一直到嘉泰二年（1202）六月，朝廷又一次召陆游回临安府，任秘书监，负责编修国史。这时他已经是七十八岁的老人了。第二年四月，陆游向朝廷奉上编修完成的《孝宗实录》五百卷、《光宗实录》一百卷，请求致仕回乡。从此，一直到嘉定三年（1210）八十六岁那一年去世，陆游再未离开山阴农村。

总之，从三十四岁出仕到八十六岁去世的五十二年间，陆游仕少闲多，总计在外任职不到二十二年，先后出任近十任地方官，最重要是在川蜀的八年，因此他以"渭南"为自己文集之名，"剑南"为诗集之名。他还三次到行都临安府的朝廷中任职，主要是数次充任史官。陆游对此也是颇为得意的，所以在临去世前不久还专门写下《残菊》一诗，自诩"我是三朝旧史官"。① 除去游宦在外的时间，他就长期在山阴乡村闲

---

① 《诗稿》卷八五，嘉定二年冬，第 8 册，第 4525 页。

居。嘉泰二年，陆游有《自嘲》一诗，说自己"平生扬历半宫祠"。注文称："予仕官几五十年矣，历崇道、玉局、武夷，今又忝佑神之命。"① 这"仕官几五十年"之中，在家闲居领宫祠近三十年。如果再加上出仕前的时间，他在山阴农村生活了近六十年。

相对而言，陆游存世的作品，属于散文的那部分以表笺启帖铭赞等礼仪性文字为多，奏札记文书信等纪实性文字略少。纪实性文字之所存留至今的，也大多数是讨论国家政事与文人间应酬往来的文字，较少反映乡间日常生活。只有《家世旧闻》《放翁家训》等笔记稍可参考。在此之外，陆游对南宋时期浙东农村细致的观察，就都反映在他那些存世的海量诗作中了。可以说，加上早年未出仕前的作品，他的海量诗文作品中大约有六七成是与家乡农村生活有关的。

本书的叙述之所以可能，另一个重要原因还在于陆游诗集《剑南诗稿》的编纂工作做得相当完善。《诗稿》的前二十卷是陆游在知严州任上亲自删定印行的，后六十五卷由他的长子陆子虡在其去世十年后最后编定，但陆游生前也曾一一"亲加校定"，② 两部分合起来共八十五卷。因此巨量诗篇的编次相当清晰与准确，再加上历年来有关学者的辛勤而有成效的研究工作，不仅使得几乎每一首诗的创作时间与地点都已基本明确，为将它们引为史学研究的资料提供了必要的前提，而且关于陆游生平、文学思想、艺术风格等各方面内容，也都已有相

---

① 《诗稿》卷五二《自嘲》，嘉泰二年冬，临安，第 6 册，第 3089 页。
② 《剑南诗稿江州刊本陆子虡跋》，《诗稿》第 8 册，第 4545 页。

当丰富的学术史积累。只有在前人这些研究的基础之上，我们才有可能着手去探索陆游的"乡村世界"。

所谓陆游的"乡村世界"，就是试图通过集中解读陆游的诗文，借陆游的目光来观察南宋时期浙东地区的农村社会。

三

不过，陆游心目中的乡村世界，与我们试图探寻的目标仍存在明显的落差。

首先，诗由心发，诗词并非纪实文体，由诗句所描绘的乡村与现实世界之间必然有不可忽视的距离。如何透过文人诗意的夸张与遐想，去发掘出可资利用的历史信息，进而将其拼凑成一幅幅鲜活的历史场景，绝非一件轻松的工作。可贵的是，陆游的诗词创作具有某种写实的特点。有学者认为，"可以说陆游几乎是以写日记的方式在写诗"，[①] 这就更为我们的解读工作提供了某种可能。

其次，我们根据陆游的诗文了解他心目中的"乡村世界"，不免是折射的与片面的。一位闲居乡间的官宦人士，他所关心的方方面面以及与其所交往接触的人与物，最后吟咏而书者，其主题选择必有其主观性，其观察必有其片面性。换句

---

① 林岩：《晚年陆游的乡居与自我意识——兼及南宋"退居型士大夫"的提出》，第 131 页，载中国陆游研究会、绍兴市陆游研究会主编《陆游与南宋社会——纪念陆游诞辰 890 周年国际学术研讨会论文集》，中国社会科学出版社，2017，第 94~134 页。林岩还有注释文字做出说明："对于这一点认识，我本以为是自己的独得之秘，但后来发现日本学者吉川幸次郎早已指出这点。〔日〕吉川幸次郎：《宋元明诗概说》，李庆等译，中州古籍出版社，1999，第 118 页。"

话说，陆游的乡村生活与一般的农民之间，无论在生活方式还是个人立场等各方面，都会有明显的不同。所以，他所记述的只不过是当时乡村基层社会的片面一角，不可能是全貌。难能可贵的是，陆游本人对自己与一般农民之间生活的差别有着相当清醒的认识，他曾经自惕："民穷丰岁或无食，此事昔闻今见之。吾侪饭饱更念肉，不待人嘲应自知。"① 事实上，他确实写下了大量反映当时一般乡村生活，尤其是贫民生活困苦的诗篇，他的这种近乎有意识的"纠偏"，使得我们的讨论更具可行性。总之，"陆游的乡村世界"大概只能是历史记忆瓦砾堆中几块相对成形、略呈光泽的碎片。不过，吉光片羽，弥足珍贵。

乡村生活丰富多彩，乡居社会阶层复杂，闲休官宦散居于乡里，宋人多称之为寓公，他们本身即构成了当时乡村社会的一个重要阶层，值得关注。学术界此前讨论宋代乡村权势人物的社会角色，有人将其归纳为豪横与长者两种形象，当然这样的归纳不过是后人在历史观察中所做的概念式梳理，现实生活中，人们的性格往往有其多面性与复杂性。② 陆游当然属于长者。此外，学者们更多关注的还在于乡村社会如何具体运作，以及如何从宋代乡村权势人物的活动中去分析后世缙绅阶层的形成过程等问题。可惜后人视野中这些重要的议题，能够在陆游的诗作中得到"回应"的却极少。大致来讲，关于南宋时

---

① 《诗稿》卷三八《午饭》（第二首），庆元四年冬，第5册，第2445页。
② 参见梁庚尧《豪横与长者：南宋官户与士人居乡的两种形象》，原载台北《新史学》第4卷第4期，后收入氏著《南宋的农村经济》下册，台北，联经出版事业公司，1984，第474~536页。

期的浙东农村，陆游"乡村世界"的个案可能比较集中地提供了三个方面的信息：其一，浙东乡村一个中上水平乡居寓公的生活范本；其二，关于士人在乡村的社会角色的某些侧面；其三，由陆游所感知与描述的当时农村基层社会的一些其他生活场景。

这本小册子就试图主要从这三个方面略做试探。其结果，估计也只能给出一些孤立的白描性质的历史画面，无法达到经过一定量的、相互间存在有机联系的个案研究的积累，并经抽象归纳，最终达到描绘出整体的"宋代农村"画面的目的。如果能够以历史叙述的立场，在一定程度上为我们想象"宋代农村"提供几个可以依凭的支点，本书的目的也就算是达到了。

第一章

区域开发：湖山处处有诗材

沙路时晴雨，渔舟日往来。村村皆画本，处处有诗材。炊黍孤烟晚，呼牛一笛哀。终身看不厌，岸帻兴悠哉！（《舟中作》）

一　山会平原

陆游生活的地方在钱塘江南岸的越州，就是今天浙江的绍兴地区，秦汉以来这里属于会稽郡。秦代会稽郡治所在吴县（今江苏苏州），辖境大致包括今天的苏南、浙江等地区。东汉永建四年（129），会稽郡一分为二，苏南、浙西地区另设吴郡，今钱塘江以南仍为会稽郡，治所在山阴县。后来经过几次曲折的政区变化，到隋朝大业元年（605），在今天绍兴地区设置了越州。南宋建炎四年（1130）四月，宋高宗赵构从海上逃难回来，不敢直接回临安府，驻跸于越州。第二年元旦，下令改年号"绍兴"，寄托"绍（承继）祚（国统）中兴"之意。越州官民上表请求用唐德宗以兴元元年（784）巡幸梁州、改梁州为兴元府的先例，用新年号为州名，得到赵构的同意。从此越州改称绍兴，并升格为府。

南宋绍兴府共统辖八个县，府城及其周边的农村地区分属山阴、会稽两个附郭县管辖。两县大致以府城中分，东境属会稽，西境属山阴。两县所辖的山会地区，南有会稽山脉，北滨杭州湾，当时称为后海，中间为平原。会稽山脉是一片较广阔的丘陵山地，东西最宽约50公里，东南至西北最长约100公里，其中丘陵的分布和走向较多变和复杂。山地有数十条从南向北排泄山水的溪流，经平原进入后海，俗称三十六源。平原两侧各有一条江，即发源于会稽山东、西主干的曹娥江和浦阳江。沿着这两条江上溯会稽山脉的主干，将山会地区与西侧的诸暨、浦江和东侧的上虞、嵊县分割开来。向东跨过曹娥江，则是由甬江、余姚江与奉化江等河道冲击形成的三江平原，与山会平原合称宁绍平原。

山海之间的山会平原早期是一片河湖交错的沼泽地，郦道元《水经注·沔水》对山会地区的描述是"东南地卑，万流所凑，涛湖泛决，触地成川，枝津交渠，世家分伙"。[①] 这里位于温暖湿润的亚热带，经过长期沼泽堆积，土质肥沃，是钱塘江两岸最先开发的核心地区。由于地势从南向北倾斜，山会平原是"山—原—海"台阶式的滨海冲积地带，虽然全年降水量充沛，但山水下泄，三十六源溪涧流程短，坡降大，水无所积潴，所以筑坝储水是本地区农业开发的重要前提。东汉以

---

① 郦道元著，陈桥驿校证《水经注校证》卷二九《沔水》，中华书局，2007，第688页。

前，山会地区经济发展缓慢，"地广人稀，饭稻羹鱼"。① 山阴一直是会稽郡下的一个普通属县。据《汉书·地理志》记载，会稽郡二十六个县，不过二十二万三千余户，平均每个县还不到四万人。② 东汉顺帝永和五年（140），马臻（88～141）出任会稽郡太守。他到任以后，详考农田水利，发动民众，主持兴筑长堤，积潴山阴、会稽两县三十六源之水，建成古代江南地区规模最大的一个水利工程，为山会平原农业发展提供了保障，这就是历史上著名的鉴湖（镜湖）。当时的鉴湖东起蒿口斗门（今上虞蒿坝镇），西至广陵斗门（今绍兴柯桥区南钱清村），东西范围达一百多华里，湖堤总长号称三百里，溉田九千余顷。由于是坡形地势，从此山会地区从南向北形成了"山—湖—田—海"的地形格局，"湖之势高于民田，田高于江海，故水多则泄民田之水入于江海，水少则泄湖之水以溉民田"，③ 鉴湖成为山会平原农业生产的水利枢纽工程。

鉴湖的取名，本指其水面平静如镜，东晋人王羲之有"山阴道上行，如在镜中游"之语。④ 所以早期多称为镜湖，后来因为镜、鉴同义，又称鉴湖。现在通称鉴湖，本书除个别直接引文仍作"镜湖"外，行文中均作鉴湖。

到隋唐之间，由于山会平原北部被迅速开垦，沿海聚落大量形成，推动了海塘的建筑。到公元八世纪前后，海塘建

---

① 《史记》卷一二九《货殖列传》，中华书局，1959，第3270页。
② 《汉书》卷二八上《地理志上》，中华书局，1962，第1590页。
③ 徐次铎：《复湖议》，施宿等：《嘉泰会稽志》卷一三《镜湖》引，《宋元方志丛刊》第7册，中华书局，1980，影印嘉庆十三年（1808）刻本，第6943页。
④ 王楙：《野客丛书》卷七《损益前人诗语》，郑明、王义耀校点，上海古籍出版社，1991，第90页。

筑已经比较完整，整个山会平原摆脱了咸潮的影响，河湖网迅速得到整理，鉴湖积蓄的淡水开始向北部转移，鉴湖的功能部分为分散于北部平原的广大河湖网所代替，同时在水土流失等自然因素作用之下，鉴湖逐渐淤积。更重要的是，随着区域开发，人口增长，使得"人—地—水"三者关系开始失衡，围垦湖田现象愈演愈烈，导致湖面不断缩小，严重影响了它的灌溉功能。据地方志记载，北宋前期的宋真宗大中祥符四年（1011），山阴、会稽两县主客户合计36247户，到南宋宁宗嘉泰元年（1201），增长到了72058户。① 按户均五口计之，则是嘉泰元年山、会两县合计人口已达36万多。不过地方志所记载的一般是官府据以征收赋役的户数，有不少脱漏。

宋孝宗淳熙八年（1181），朱熹（1130～1200）被任命为主管灾荒赈济等事务的浙东路提举常平官，恰逢当地水灾，他在向朝廷汇报救灾事宜的报告中，说统计到山阴、会稽两县四、五等穷困人户"计三十四万口，四等之稍自给及上三等者不预焉"。② 为了赈济所统计的人口，可能略失于夸大。宋代农村人户按其财产多寡分为五等，不过如果据朱熹所说，再加上他未统计在内的一至三等户、客户，以及城市人口，按保守估计，山阴、会稽两县总人口也可以在五十万至六十万之间。本地的粮食产出对于人口总数，不免捉襟见肘（详见下文）。有学者强调南宋初年受北方移民的影响，事实上本地区

---

① 施宿等：《嘉泰会稽志》卷五《户口》，《宋元方志丛刊》第7册，第6787～6788页。
② 朱熹：《晦庵先生朱文公文集》卷一六《奏救荒事宜状》，《朱子全书》，上海古籍出版社、安徽教育出版社，2010年修订版，第20册，第763页。

人口的自然增长才是其中的根本原因。

人地矛盾的压力一方面在相当程度上推动了丘陵坡地的垦殖开发，另一方面则是触发了屡禁不止的盗湖为田现象。据记载，从北宋大中祥符（1008～1016）年间开始，有豪户盗垦湖田，从此一发不可收拾，到南宋陆游生活的时期，已经积重难返。据宋宁宗庆元二年（1196）会稽县县尉徐次铎的说法，"荡地故湖废塞殆尽，而水所流行仅有从横支港，可通舟行而已"，① 原先波光粼粼、一望无际的湖面只剩下一些或宽或窄的河港支汊了。这样的记载当然有可能失之夸张，我们可以根据今天尚存的鉴湖水面略做参考。现在习惯上所称的鉴湖是古代鉴湖东、西两部分中西湖的残余部分，它的主干道东起绍兴越城区亭山乡，西至柯桥区湖塘乡，东西长 22.5 公里，最宽处可达 300 米以上，最窄处仅 10 余米，平均宽度 108.4 米，平均水深 2.77 米，形如一条宽窄相间的河道，此外还有一些小湖泊和港汊河道与之相连。据 1989 年统计，包括原来鉴湖东湖水面的一些残存，古鉴湖范围内尚存的河湖面积合计为 30.44 平方公里。正常蓄水量按平均水深 2 米计，约为 6000 万立方米。② 考虑到后代进一步的淤积与围垦，南宋中期的鉴湖范围肯定比今天要大一些。当年山会平原在鉴湖以北至海岸之间的水稻种植面积，"镜湖下至海，凡种稻九千顷"（见图 1 - 1、1 - 2、1 - 3、1 - 4）。③

---

① 徐次铎：《复湖议》，施宿等：《嘉泰会稽志》卷一三《镜湖》引，第 6945 页。
② 参见盛鸿郎、邱志荣《古鉴湖新证》，盛鸿郎主编《鉴湖与绍兴水利》，中国书店，1991，第 13～32 页。
③ 《诗稿》卷四五《稻饭》，庆元六年冬，第 5 册，第 2758 页，诗末陆游自注。

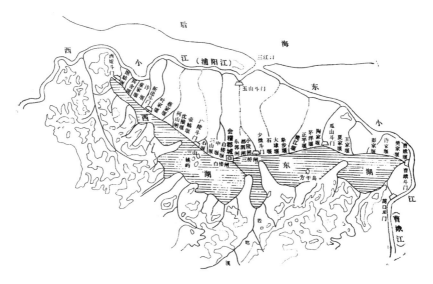

图 1-1　北宋鉴湖示意

资料来源：周魁一、蒋超《古鉴湖的兴废及其历史教训》，载盛鸿郎主编《鉴湖与绍兴水利》，中国书店，1991，第36页。

图 1-2　南宋以后山会水系示意

资料来源：陈桥驿《古代鉴湖兴废与山会平原农田水利》，《地理学报》1962年第3期，第196页。

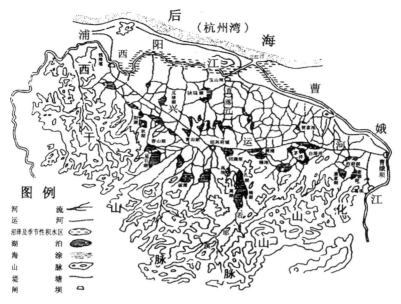

图 1-3 两宋以后山会水系示意

资料来源：车越乔、陈桥驿《绍兴历史地理》，上海书店出版社，2001，第 133 页。

图 1-4 鉴湖

资料来源：吕华龙《康熙会稽县志》卷首。

鉴湖湖面被盗垦以后，占有湖田者虽然得利不少，但是整个山会平原更多的农田却失去了水利工程的支持，受损严重。因此，从北宋中期起就不断有人提议禁止围垦、废田复湖，但成效不大。陆游长期居住在鉴湖之畔，对于废湖为田，他也是坚决反对的。早在淳熙十三年（1186），他就曾有诗句，谴责废湖为田之举："湖三百里汉讫唐，千载未尝废陂防。屹如长城限胡羌，啬夫有秩走且僵。旱有灌注水何伤，越民岁岁常丰穰。泆湖谁始谋不臧？使我妇子厌糟糠。"[1] 多年以后，他在《题道傍壁》一诗中，仍对"湖废财存十二三"一事耿耿于怀。[2] 不过以陆游的身份地位，对此也无能为力。

另一方面，山会平原其他的自然条件总体看来对于发展农业生产，尤其是水稻种植是比较优异的。从新生代时期以来，这里的地层为河湖相及滨海沉积，土质黏重肥沃，地势低平，水网密布，地下水位较高。气候类型属季风亚热带，冬夏季风交替显著，年平均温度适中，四季分明，雨量充沛，空气温润。光照较多，热量资源丰富。除了夏季之外，在春夏季各月的早、晚稻灌浆成熟期间能够得到良好的光照，为主要农作物的丰产提供了有利条件。日平均气温 5℃ 以上的农作物年平均生长期可以长达 330 天以上，10℃ 以上的年平均生长活跃期在 235 ~ 240 天，无霜期约为 275 天。年平均降水量一般在 1500 ~ 1600 毫米以上，有时可达 2000 毫米。这一地区的水文和气候也有一些不利因素，主要是由于冬夏季风强弱或进退迟

---

[1] 《诗稿》卷一八《丙午五月大雨，五日不止，镜湖渺然，想见湖未废时，有感而赋》，淳熙十三年夏，第 3 册，第 1380 页。
[2] 《诗稿》卷七二《题道傍壁》（第二首），开禧三年秋，第 7 册，第 3988 页。

早反常，带来了气温反常或雨水失调造成的灾害，例如冬季的寒潮冻害，伏秋的干旱，雨季的洪涝，夏秋的台风以及冰雹大风等，常给生产造成严重影响。不过总体说来，灾害天气现象的出现并不频繁。

尤其是山会地区是钱塘江两岸最早开发的区块，越族部民早先活动于丘陵坡地，随着定居农业的发展，才慢慢从山地向平原扩展，并以平原地区为开发中心。到陆游生活的时代，经过数千年的开发，山海之间已经从一片沼泽变成了沃野平原，这里的土壤通过长期灌排、施肥、耕作、轮种等农业生产措施的综合作用，水耕熟化，绝大部分已经被改造成最适合水稻种植的水稻土。当然，相比较于明清时期，尤其是引入新大陆作物以后促发的新一轮垦殖，南宋时期山区的开发可以说仍留有一定的余地。陆游的诗作中记载了山地猛兽对人们生活的影响。[1] 所以总体而言，到南宋时期山会地区的开发是其中的平原比山地更为集萃化。

鉴湖的兴废说明山会地区的开发过程并非一帆风顺，而是充满曲折与矛盾的。总体看来，人地矛盾的出现也表明在当时的技术条件之下，山会地区以农业为核心的经济发展已经达到相当成熟的水平。当时人们的评论认为，今天属于苏南、浙北的吴中之地为天下之最，浙东则有所不及。其实不可一概而论，与丘陵地带不同，山会平原与吴中地区一样，也是整个南宋最发达的地区之一。这里山原相交，水域丰富，聚落繁多，

---

① 参见《诗稿》卷六一《闻山步有虎》，开禧元年春，第 7 册，第 3515 页；同卷《捕虎行》，开禧元年夏，第 7 册，第 3521 页。《捕虎行》题下陆游自注："自故岁有三虎出上皋天衣山谷，近者尤为人害，捕之未获。"

风光秀丽，民生相对宽裕，"村村皆画本，处处有诗材"，通过诗人艺术眼光的观察与提炼，才会有陆放翁笔下无数美丽的诗篇。

二　田野聚落

在传统农业社会，为了方便生产与生活，绝大多数农户都居住在乡野，形成大小不一、形式各异的聚落。不同历史时期乡村聚落的形式前后会有一些变化。

山会地区早期为越族部落的生活地区，后来既有不少越族部落向外迁徙，更在不同时期有北方等其他地区移民陆续迁入本地区，经过不断交流、发展繁殖，形成本地区的人口构成。迁徙农业与狩猎采集在早期越族部落经济中占有重要地位，因此部族居民大多生活在会稽丘陵坡地，流动不居，后来才慢慢定居下来。这些现象在《越绝书》等历史文献中可以找到一些线索。随着定居农业的发展，人们的居住中心才从山地向平原扩展，并且最后大部分居住到了平原地区。

根据学者的研究，北宋以前，山会平原的聚落主要在北部扩展，到南宋，随着鉴湖大半被废为田，同时它的功能部分为分散于北部平原的广大河湖网所代替，原来是湖面的山会平原南部随即被迅速垦殖，大量聚落在这里出现。到了后代聚落更为密集，但聚落规模一般都不大。这是因为在当时的技术条件之下，为了田间劳动的方便，要求聚落接近耕地。前人的这些讨论有一些虽然利用的是明清时期的历史资料，不过由于历史的延续性，其基本特点可以说在南宋时期已经具备了。

大体讲，南宋时期山会平原的聚落形态与江南其他相同地理环境的平原地区农村接近，很难说有什么规律，随着人口繁衍按地形自然扩散分布。明代王穉登描绘这里的情形，"暮过郏溪……十树一村，五树一坞，门扉隔竹，人面半绿，忆若吾乡义兴"。① 王穉登是苏州长洲人，在他看来，沿郏溪而下的越中乡村景观与江苏南部太湖西岸的宜兴地区差不多，南宋时期这些地区乡村聚落也应该具有这样的共性。例如关于常熟地区，南宋地方志就有这样的描述："田畴鳞次，平衍百里，村市里分，连络四郊。"② 山会平原地区应该与它们相近。

对于平原水乡地区聚落的开发过程与其平均发展水平，傅俊有一个大致的估计。她认为，唐五代大多集中于山川的河谷地带，至宋元时期则开始通过建造海塘向沿海地区拓展，到了明代，大多是在从前已有发展的、粗具规模的地域内进一步推进开发。总之，无论是从微观还是宏观的视角看来，及至宋代，传统中国聚落分布的基本格局已经形成，并奠定了后世发展的基础。③ 她根据南宋后期的人口密度数据，推测"在平江府，几乎每一平方公里上即有一个村落，村落——田地——村落，几近相接；而在温、台地区，约每二、三平方公里亦有一村落"。④ 平江府就是今天江苏苏州。山会平原开发甚早，通

① 王穉登：《客越志》卷上，《王百穀集》十九种四十卷，明刻本，《丛书集成续编》，上海书店，1994，第65册，第166页下。
② 桑瑜：《弘治常熟县志》卷一《形胜》"引旧志"，《四库全书存目丛书》史部第185册，齐鲁书社，1997，第12页上。
③ 参见陈桥驿《历史时期绍兴地区聚落的形成与发展》，《地理学报》1980年第1期，第14~23页；〔日〕斯波义信：《宋代江南经济史研究》，方健、何忠礼译，江苏人民出版社，2001，第375~402页。
④ 傅俊：《南宋的村落世界》，博士学位论文，浙江大学，2009，第43页。

过建造海塘向沿海地区拓展就在北宋以前，到南宋它的发展水平不在苏南平原之下。

陆游诗文关于他自己居住处所及其周边地区村落的描绘，可以具体印证上面的这些看法。

根据邹志方的研究，[①] 除了绍兴城区旧居外，陆游还分别在乡村的云门、梅山、石帆、三山等处居住过。其中云门精舍与石帆别业地处会稽县，梅山寓所与三山别业则地处山阴县。他在云门与梅山都是依佛寺而居，在云门寺边上曾建有自己的屋宇，在梅山估计则只是借当地的本觉寺为寄寓之所。宋孝宗乾道元年（1165），陆游开始在鉴湖边营建三山别业，当时他还在镇江府通判的任上。营建新居的钱主要来自官俸。第二年他就"卜居"即定居于此。[②] 大约十五六年后，陆游又在绍兴府城东南的石帆山下的石帆村，营建自己的另一个别业。这个别业距离禹庙不远，其规模应该比三山小。陆游后来不时在石帆别业居住，但大多仍定居于三山。[③] 因此他的诗作主要也是在三山别业创作的。

三山别业所在的聚落位于绍兴城西、鉴湖北岸，所处为山阴县的河网平原地区，向南隔着鉴湖靠近山区。它与府城的距离"舟车皆十里，来往道岂长"。[④] 又有诗称"穷途敢恃舌犹存，小筑城西十里村"。[⑤] 具体村名未见著录，陆游有时谦称

---

① 邹志方：《陆游研究》，人民出版社，2008。
② 《诗稿》卷三八《三山卜居今三十有三年矣，屋陋甚而地有余，数世之后当自成一村。今日病少间，作诗以示后人》，庆元四年冬，第 5 册，第 2465 页。
③ 以上参见邹志方《陆游研究》，第 55～126 页。
④ 《诗稿》卷五五《不入城半年矣作短歌遣兴》，嘉泰三年冬，第 6 册，第 3242～3243 页。
⑤ 《诗稿》卷二六《自责》，绍熙三年冬，第 4 册，第 1842 页。

其为"三家村"："老病与世绝，屏迹三家村。"① 那自然并非村名，只不过是比喻其小，自嘲而已。所谓"三山"，指其别业所在之地夹在东山（韩家山）、西山（行宫山）与石堰山这三个小山丘之间。三个山丘相互间距离不远，韩家山距行宫山不过约一华里，到石堰山大致两华里。地方志称"三山，在县西九里，地理家以为与卧龙冈势相连"。② 所以陆游有时在诗中自称山翁，称别业所在的村落为山村，③ 实际上三山别业所在的地势，无论是韩家山、行宫山，还是石堰山，都是拔地突兀而起、周边不过数百米、高不超过二三十米的小山丘，四周都是平地，与带有大片坡地的丘陵山地截然有别。所以其别业虽说是在"三山"之间，总体讲属于南傍鉴湖的平原水乡（见图1－5）。因此，陆游又说三山别业"南并镜湖，北则陂泽"。④ 从诗句分析，别业的具体位置略偏西，距离行宫山稍近。由于别业南邻鉴湖，位于湖堤之侧，沿着湖堤为交通要道，所以陆游又称"吾庐近在官道傍"，⑤ 这对于他平居外出十分方便。

现在绍兴地方政府根据陆游诗句所提供的信息，在三山之间靠近行宫山的地方复建了一个作为旅游景点的"陆游故居"，尽管不免失于奢华，它的位置所在估计大致不差。不过

---

① 《诗稿》卷二八《感怀》，绍熙四年秋，第4册，第1922页。
② 施宿等：《嘉泰会稽志》卷九《山·山阴县》，第6867页。关于三山及别业具体位置的考订，参见邹志方《陆游研究》，第79～87页。
③ 《诗稿》卷七五《蔬饭》，嘉定三年春，第8册，第4138～4139页。
④ 《诗稿》卷二二《予所居南并镜湖，北则陂泽，重复抵海，小舟纵所之，或数日乃归》，绍熙二年夏，第4册，第1678页。
⑤ 《诗稿》卷三六《送严居厚弃官归建阳溪庄》，庆元三年秋，第5册，第2333页。

图 1 - 5　韩家山

说明：从新建陆游故里眺望三山之一的韩家山，孤零零的一座小山丘。

陆游称其别业距离鉴湖很近，"出门十步即烟波"，[①] "舍外弥望皆青秧白水"，[②] 现在这个"故居"则与残存鉴湖水面相距至少两百多米，中间隔着一条很宽的胜利西路。这或许是因为现在的鉴湖水面比陆游时期又缩小了不少。北侧的"陂泽"则更是大部分变成了陆地（见图 1 - 6）。

陆氏祖居山阴鲁墟，就是今天绍兴市越城区东浦街道的鲁东村，在三山别业以北五里多的地方（见图 1 - 7），陆游离开故里，向南卜居，可以证明随着鉴湖湮废，山会南部平原聚落发展的事实。而且不独三山别业，在它的周边还有不少别的村落。

陆游平居无事，常常外出闲游，"耳目康宁手足轻，村墟

---

① 《诗稿》卷四六《连日大雨门外湖水渺然》，嘉泰元年夏，第 6 册，第 2819 页。
② 《诗稿》卷五一《舍外弥望皆青秧白水喜而有赋》，嘉泰二年春，第 6 册，第 3025 页。

图 1 - 6　鉴湖仿建的纤道

说明：新建陆游故里一侧残存的鉴湖水面，现在仿建起了一段纤道，以供人们游玩。

图 1 - 7　陆氏故里鲁墟村（今鲁东村）地名牌

说明：陆氏故里鲁墟村，就是今天绍兴市越城区东浦街道的鲁东村。村落已经城市化，无复乡野景色可观，只有这块地名牌提示着它的历史。

草市遍经行"。① 足迹所至，有近有远。例如紧邻三山别业聚落的东侧，就有一个在其诗作中被称为"东村"的小村庄，

---

① 《诗稿》卷五七《野步至近村》，嘉泰四年三月，第 6 册，第 3318 ~ 3319 页。

据邹志方考证，就是今天的塘湾村，两个聚落相距不过三华里，所以陆游可以不时"信脚村墟路，归来日未西"。① 有时因为体衰多病，更兼雨天道路泥泞，才不得不感叹"东村未为远，脚力不济胜"。②

别业向西不远处有一个小祠庙柳姑庙，小庙今存，向东紧挨着行宫山，距复建的"陆游故居"不过一二百米。庙会时颇兴盛，"小巫屡舞大巫歌，士女拜祝肩相摩"，③ 陆游有时也闲步前去（见图1-8）。再往西则有湖桑埭村，更多的时候，他还称此地为西村，以对应于东村。估计此村的规模也不大，陆游有时也称其为三家村，"人情简朴古风存，暮过三家水际村"。④ 西村比东村还要近，距离三山别业"里许"，⑤ 所以陆游不时"散步"前去。"十日苦雨一日晴，拂拭挂杖西村行。"⑥ 在其《散步至三家村》诗中还有自注，曰"湖桑埭，西村名"。湖桑埭，又称湖桑堰，是鉴湖沟通周边河道的诸堰之一，来往交通，人员聚集，于是村落依堰而成。因为距离近，有时陆游在家中都能听到船只过堰时的喧哗声，"尚嫌尘境妨幽致，过埭船声暮正喧"。⑦ 到明代，民间传说开国名臣刘基（1311～1375）到此酒醉，竟将皇帝所赐酒壶掉入水中，

① 《诗稿》卷六五《东村》，开禧二年春，第7册，第3688页。
② 《诗稿》卷一四《雨晴步至山亭欲遂游东村不果》，淳熙八年十一月，第3册，第1093页。
③ 《诗稿》卷三七《秋赛》，庆元四年秋，第5册，第2403页。
④ 《诗稿》卷三九《散步至三家村》，题下自注："湖桑埭，西村名。"庆元五年夏，第5册，第2507页。
⑤ 《诗稿》卷七五《春寒》，自注："湖桑埭去弊庐里许。"嘉定元年春，第8册，第4099页。
⑥ 《诗稿》卷一《雨霁出游书事》，乾道三年春，第1册，第104页。
⑦ 《诗稿》卷七五《春寒》，第7册，第4099页。

所以从此就改称其为壶觞埭。村落今存，就是现在越城区东浦镇的壶觞村，距现今复建的陆游故居大致也是一华里（见图1-9）。

图1-8　柳古庙（即柳姑庙）匾额

说明：陆游《初夏》诗："渺渺荒陂古埭东，柳姑小庙柳阴中。放翁老矣扶藜杖，也逐乡人祷岁丰。"庙在三山别业之侧，今虽存，颇寂寞，香火远不及后建的行宫庙。后人而且将"姑"讹写成"古"，所以匾额遂作"柳古庙"了。

稍远一些，陆游经常或跨驴，或泛舟，甚或徒步而至的几个村落，大多也在十来华里之内。而且那几个村落的规模都相对较大，才成为陆游诗作中集中描绘的对象。路途间一些小村

图 1-9　陆游常闲行的湖桑埭村（壶觞村）地名牌

说明：陆游经常前去闲行游玩，与他的三山别业仅"里许"的湖桑埭村（西村），后改名为壶觞村，现在完全城市化了，只有它的村名路牌，向人们诉说着自己的历史。

落，有些"村墟频过不知名"，①并未被他具体记述。例如在湖桑埭更往西行有湖塘村，"湖塘西去两三家，杖履经行日欲斜"，②村名今存，距离三山别业十余华里。"遥望湖塘炬火迎，才归村舍雨如倾"。③前去湖塘，基本上就得泛舟了。由此可知，从东村（塘湾）、三山别业聚落、湖桑埭，到湖塘村，沿鉴湖北岸一线，差不多每二三华里就有一个规模或大或小的乡村聚落，分布不可不谓之相当密集。所以到了晚间，陆游在家里就可以看到邻村的灯光，"疏树叶迟落，远村灯更明"。④虽说是"远村"，其实诗人只是以疏远来表达其平静胸怀而已，实际距离并不"远"。

---

①　《诗稿》卷八〇《冬夜舟中作》，嘉定元年冬，第 8 册，第 4313 页。

②　《诗稿》卷一三《西村》，淳熙八年九月，第 3 册，第 1065 页。

③　《诗稿》卷一五《小舟航湖夜归》（第三首），淳熙十年八月，第 3 册，第 1182页。

④　《诗稿》卷六八《秋怀》（第一首），开禧二年秋，第 7 册，第 3801 页。

从三山别业向北，村落也很密集。陆游在诗作中经常提到的还有一个"北村"，可以从其寓所放眼相望，"因锄衰草通南阜，偶洗丛篁见北村"；又说"钓阁卧听西涧雨。棋轩遥见北村灯"，应该也不远。① 不过看来是隔着河港，交通不便，所以未见有他闲步前去的描述。②

再向北数里，差不多与鉴湖北岸平行的另一条重要水道，就是东北走向的浙东运河（漕河）。其与鉴湖两者之间相连河汊颇多，从湖塘北向就有一条，在其折入浙东运河的河口处，就是著名的梅市村。梅市村之东、西，则有鲁墟、柯桥等规模较大的聚落。从三山别业经运河东北行，渡过钱塘江，就是行都临安府了。"法云古兰若，西走钱塘路。帆影梅市桥，人语柯山聚。"③ 所以陆游诗作中凡涉及迎来送往的，不少都提到了梅市。绍熙四年（1193），长子子虡出仕淮南，陆游作诗相寄，"吾儿适淮壖，送之梅市桥"。④ 开禧二年（1206），七子子遹调官得永平钱监，陆游也出门送行，作《送子遹至梅市而归》诗："梅市长堤怆别情，鲁垆归路当闲行。"⑤ 从梅市回到三山别业得经过鲁墟。

由此可知，尽管当时平原地区村落分布，受开发先后、人

① 《诗稿》卷一三《幽居》，淳熙八年十月，第 3 册，第 1082 页；又同书卷二四《次韵范参政书怀》（第十首），绍熙三年春，第 4 册，第 1754 页。
② 参见《诗稿》卷二三《七月一日夜坐舍北水涯戏作》，绍熙二年秋，第 4 册，第 1686 页；又同书卷六六《泛舟至近村茅徐两舍劳以尊酒》："小舸悠扬亦乐哉，迢迢故取北村回。山从树外参差出，水自城阴曲折来。"开禧二年夏，第 7 册，第 3748 页。
③ 《诗稿》卷七三《法云寺》，开禧三年冬，第 7 册，第 4034 页。
④ 《诗稿》卷二八《寄子虡》，绍熙四年冬，第 4 册，第 1943 页。
⑤ 《诗稿》卷六七《送子遹至梅市而归》，开禧二年夏，第 7 册，第 3764 ~ 3765 页。

口自然繁衍过程与地形地势等各种因素的综合影响，很难说有什么特定的规律，不过浙东山会平原属于水网地带，乡间聚落大多沿河道分布，以取交通之便是可以肯定的。尤其是那些规模稍大、属于中间市场的聚落，更是非据交通干道的区位之利不可。从陆游闲游的行踪可知，鉴湖北岸一线，从东村到西村，再远行则有湖塘等村，无疑是陆游闲游光顾最多之所。跨过鉴湖，南岸则有新塘等村。"西村渐过新塘近，宿鸟归飞已满枝。"① 再从鉴湖靠北，沿漕河即浙东运河一侧，则有柯桥、梅市、鲁墟等大村落。

向南越过鉴湖，进入会稽山区，陆游诗作中多所提及的几个重要聚落，基本也是沿若耶溪即平水江等各水系分布的，无论兰亭、平水，还是项里，都是如此。所以陆游说"兰亭之北是茶市，柯桥以西多橹声"。② 这其中多数是中间市场，构成了三山别业周围聚落群的重要节点。当然三山别业与这些聚落之间因为隔着鉴湖，所以陆游又说"弊居去兰亭、项里皆甚远"。③

乡村聚落的规模在很大程度上受到其区位的影响，从其发育的过程来看也是如此，人们总是首先聚居于交通便利之所，随着区域开发，人口繁衍，再慢慢扩大并散布开去。及至南宋时期，山会平原位于交通节点之上的那些聚落，人户聚集，规模较大，"深巷人归有犬随"④；有一些僻远，或者区位不利

---

① 《诗稿》卷六〇《社饮》，嘉泰四年冬，第 7 册，第 3469 页。
② 《诗稿》卷四二《湖上作》，庆元六年春，第 5 册，第 2648 页。
③ 《诗稿》卷六五《自贺》，开禧元年冬，第 7 册，第 3675 页。
④ 《诗稿》卷五七《晚行湖上》，嘉泰四年春，第 6 册，第 3307～3308 页。

的，聚落的发展不免受影响。例如绍兴府城郊广宁桥之侧，"漕河至此颇广"，但正因为河道过宽，反而不利于沟通两岸，使得人们生活不便，以至"居民鲜少，独士人数家在焉"，[①]聚落规模难以拓展。

总之，从聚落分布的情况看，南宋山会平原人口密集，农业经济发展成熟。

三 别业庄园

南宋时期山会平原上这些星罗棋布的乡野聚落，它们的村居环境与村落景观是怎样的呢？

风土有别，不同地区的乡居环境与村落景观肯定大不相同。不过至少就平原水乡而言，还是应该有许多共性。傅俊指出，宋人以茅篱竹舍为"田舍间气象"的核心，并且归纳北宋王希孟《千里江山图》中的村落景观，认为"除却个别由楼阁、花园等组合而成的大型住宅外，民居一般小而简单，只有三间两椽，布置方式或集中，或散列"，十分精到。就这些一般性的特征而言，陆游时代的山会乡间村舍可以说是与之颇为吻合的。

不过从抽象归纳到具体例证的落实并不容易。陆游诗句对于村舍景观虽然有不少感性的吟咏，可供我们利用并拼凑出一些具体历史场景的资料仍然十分有限。

---

① 施宿等：《嘉泰会稽志》卷一一《桥梁·府城·广宁桥》，第6915页。

茅屋短篱

北宋神宗熙宁五年（1072），日本僧人成寻（1011～1081）乘坐商人船只到中国参佛求经，在舟山群岛入境。据他在一个叫作小均山的小岛所见，其中有一个村落（浦）共有十一户人家，其中两户为规模高大的瓦房，其余的都是茅舍。[①] 到南宋末年，据方回（1227～1305）的记载，在吴侬之野（浙西平原），也是"茅屋炊烟，无穷无极，皆佃户也"。[②] 陆游的山会乡野，看来也是这样的情形，除去少数例外，都是竹篱茅屋的天下。他称自己在乡间的生活是"梅花一树映疏竹，茅屋三间围短篱"，[③] 其实不过是诗人自谦，拿农户乡舍来自喻。不过据此也可见，茅屋、短篱是村落建筑的概貌，相近的还有茅舍、茅檐、茅斋、茅堂等叫法，村店自然也就是茅店了。不过山会平原南侧毗邻丘陵山区，人们就便取材，还常常用细竹条（筱）替代茅草覆屋蔽雨，"村人以筱覆屋如茅"，所以陆游有"防盗枳作藩，蔽雨筱代瓦"，"覆筱初成屋，编荆旋作门"等诗句。[④] 这可能是因为筱条比茅草更耐用的缘故吧。

相对而言，在山会平原，可能出于保暖的需要，村舍用竹子作为墙体材料的记载却较少，一般都筑土坯墙，就是所谓

---

① 〔日〕成寻：《新校参天台五台山记》卷一，王丽萍校点，上海古籍出版社，2009，第 11 页。
② 方回：《续古今考》卷一八《附论班固计井田百亩岁入岁出》（之五），《景印文渊阁四库全书》，台北，台湾商务印书馆，1983，第 853 册，第 368 页。
③ 《诗稿》卷七四《初春》（第二首），嘉定元年春，第 7 册，第 4091 页。
④ 《诗稿》卷六二《村居》，开禧元年夏，第 7 册，第 3551 页；又同书卷七五《闲中戏赋村落景物》（第二首），嘉定元年春，第 8 册，第 4121 页。

"土垣"："桑竹穿村巷，衡茅隔土垣。"① 不幸久雨霖潦，墙体就容易受损，"迩来久雨墙垣坏，斫竹东冈自作篱"。②

农户聚居于村落，一般都是三五户相邻，既为了自卫防盗，也便于生活互助，"生草茨庐荆作扉，数家烟火自相依"。③ 陆游《村居》一诗描绘得很清楚："舍后盘高冈，舍前面平野。防盗枳作藩，蔽雨筱代瓦。数家相依倚，百事容乞假。薄暮耕樵归，共话衡门下。"④ 不过从中也可以发现，竹篱、篱门、疏篱等似乎是村野建筑普遍性的依附物。也就是说，在陆游的时代，山会地区农舍大都附有或大或小的篱墙的小园。据此，我们可以想象当时东南地区的村落景观，其内部的屋舍建筑估计相对疏朗，不如近代时期那么密集。

所以，我们在陆游的诗句中就可以见到大量关于农舍围篱的记述。"寂寂江村数掩篱，吾庐又及素秋时。"⑤ 又曰"却羡村邻机上女，隔篱相唤祭蚕官"。⑥ 围篱之内辟为小园，种菜植蔬。有时还种奇花异果，尽显情趣，正如陆游《人日偶游民家小园有山茶方开》诗所吟颂的，"社酒香浮瓮，春蔬绿满盘。山茶虽慰眼，不似海云看"。⑦ 围篱的材料除竹子之外，不少也筑土坯。"过村小妇凭墙看，入寺高人揽袯迎。"⑧ "凭

① 《诗稿》卷四〇《与儿子至东村遇父老共语因作小诗》，庆元五年秋，第 5 册，第 2548 页。
② 《诗稿》卷七七《秋来瘦甚而益健戏作》，嘉定元年秋，第 7 册，第 4214 页。
③ 《诗稿》卷六九《夜投山家》（第三首），开禧二年冬，第 7 册，第 3852 页。
④ 《诗稿》卷六二《村居》，第 7 册，第 3551 页。
⑤ 《诗稿》卷七七《农家》，嘉定元年秋，第 7 册，第 4219 页。
⑥ 《诗稿》卷一七《新春》，淳熙十三年春，第 3 册，第 1342 页。
⑦ 《诗稿》卷一六，淳熙十一年正月，第 2 册，第 1253 页。
⑧ 《诗稿》卷六六《出游》（第四首），开禧二年春，第 7 册，第 3715 页。

墙"就都是土垣了。邻村年轻女子从小园围墙探出头来,观望闲游经过的陆放翁。竹篱土垣一般比屋舍低矮,所以称其为"短篱""短墙"。"何人画得农家乐?咿轧缫车隔短墙。"① 湖桑埭西村就是"小市丛祠湖上路,短垣高柳埭西村"。② 农户因地取宜,有时取溪石叠成园墙,"黄茆持覆屋,溪石运作垣",③ 或者种荆棘类植物而围之,"种枳作短篱,叠石成高垣",④ 这样当然也比竹篱更坚固耐用。

寓公别业

与一般"茅屋三间围短篱"式农舍建筑不一样的,就是豪富人家的高屋大宅了。在这一方面,陆游自己的三山别业可以提供一个例子(见图1-10、1-11)。

山阴陆氏为绍兴大族,高祖陆轸北宋大中祥符年间"以进士起家",⑤ 祖父陆佃官至执政。据陆游说,"太傅出入朝廷四十余年,终身未尝为越产",这当然是针对执政的层级而言,相比于一般仕宦之家不可同日而语。所以他又承认:"余承先人遗业,家本不至甚乏,亦可为中人之产。"⑥

陆游这份"中人之产"的具体内容,主要无非是屋舍与田产两项,但文献中留下来的信息相当有限,许多细节需要依

① 《诗稿》卷三七《东窗小酌》(第一首),庆元四年夏,第5册,第2374页。
② 《诗稿》卷七五《肩舆至湖桑埭》,嘉定元年春,第8册,第4134页。
③ 《诗稿》卷三九《予读元次山……亦以示予幽居邻里》之第三首《夹路多修竹》,庆元五年夏,第5册,第2518页。
④ 《诗稿》卷五八《秋夜感遇十首以孤村一犬吠残月几人行为韵》(第二首),嘉泰四年秋,第6册,第3373页。
⑤ 陆游著,马亚中、涂小马校注《渭南文集校注》卷三五《奉直大夫陆公墓志铭》,浙江古籍出版社,2015,第4册,第105页。以下简称《文集校注》。
⑥ 陆游:《放翁家训》,上海师范大学古籍整理研究所编《全宋笔记》,大象出版社,2012,第5编第8册,第150页。

图 1-10　新建陆游故里全景

图 1-11　新建陆游故里前门及陆游塑像

靠推测估计。尤其到晚年，陆游经常哭穷，甚至说"荒园二三亩，败屋八九间"；① 又称"年龄过八十，久已办一棺。结庐十余间，著身如海宽"。② 诗人年衰意塞，句中的那些数字

① 《诗稿》卷七五《修居室赋诗自警》，嘉定元年春，第 7 册，第 4125 页。

② 《诗稿》卷六四《感遇》，开禧元年冬，第 7 册，第 3648 页。

当然只是在表达家计困顿的一种情绪，不能仅从字面去理解。

陆游早年的家产主要来自"先人遗业"，他自称"少不治生事"，[1] 中年以后，俸禄等收入有余，不免求田问舍。除了他主要居住的三山别业之外，到晚年又在绍兴府城东南的石帆山下营建石帆别业，除为了安置从四川带回来的小妾杨氏，另一个重要原因，估计就是在石帆村一带新置了田产。所以后来又添置耕牛，"老子倾囊得万钱，石帆山下买乌犍"。[2] 在他的诗句中，常常提到在石帆别业一带采药，"昨暮钓鱼天镜北，今朝采药石帆东"，[3] 是否另有山田则未可知。不过拥有一定的水荡田产，可以肯定，所以有"石帆山脚下，菱三亩"之句。[4] 与此同时，陆游在描写渔樵之乐时，似乎更多地与石帆别业联系在一起，自称"石帆山下一渔翁"，[5] 直言"石帆山下乐谁如？八尺轻舠万顷湖"，[6] 可能就是与其水荡田产有关。

不过陆游主要居住在城西的三山别业，邹志方已对这所别业的屋舍有比较全面的讨论，我们在这里再作一些补充。

陆游于乾道元年起营建三山别业，据他自己说，当时为了尽快完工，用料不那么讲究，"昔我作屋时，趣欲庇风雨。茆茨寒自刈，条枚细相拄"。有邻居劝他不宜草率，"邻父为我言，努力谋安处。土坚瓦可陶，步近木易取"。[7] 不过看来陆

① 《文集校注》卷二〇《居室记》，第 2 册，第 274 页。
② 《诗稿》卷三六《杂感》（第八首），庆元四年春，第 5 册，第 2356 页。
③ 《诗稿》卷七八《稽山道中》，嘉定元年秋，第 8 册，第 4237 页。
④ 陆游著，钱仲联、陈桂生校注《放翁词校注》卷上《感皇恩（小阁倚秋空）》，《陆游全集校注》第 8 册，浙江教育出版社，2011，第 397 页。
⑤ 《诗稿》卷六八《舟中记梦》，开禧二年秋，第 7 册，第 3836 页。
⑥ 《诗稿》卷五四《村居》（第四首），嘉泰三年秋，第 6 册，第 3183 页。
⑦ 《诗稿》卷二三《小茸村居》，绍熙二年秋，第 4 册，第 1700 页。

游并未完全听从邻居的建议，后来又不断有所增筑。

根据陆游诗文中提供的信息，他的三山别业南端有草舍，称南堂，南堂之后有居室，堂的东西两侧都有斋屋，称东斋、西斋。堂前堂后都有小庭，堂后的小庭为中庭，中庭后面是正室。堂屋、正室之外，还有小轩。小轩不止一座，诗句中提到的有东轩、南轩。轩内更有小屋。还有几座独立的屋宇，如老学庵、龟堂、道室、山房等配套屋舍，以及将这些建筑组合起来的栏、廊等。这些都是陆游日常起居、读书写作经常活动的处所，所以在诗文中多所提及，另外还有几点需要注意。

其一，别业的核心建筑应该是由王氏夫人居住的正室，规模当比别的室宇大一点，而且是楼房，这在当时乡野村舍之中比较少见。所以陆游有"小楼有月听吹笛，庭深无风看碾茶"，[①]"薄暮上楼聊试步，经旬止酒自酡颜"[②]等诗句。正室的楼之外，又有阁，亦可登，"村市夜骑黄犊还，却登小阁倚阑干"。[③]

其二，陆游妻妾共为他生了七子一女，儿子们成家后，还有数量更多的孙辈，家眷数十人，每个小家庭应该都有自己相对独立的居室，以及相配套的书室等建筑。庆元五年（1199），次子子龙在居室西侧建烟雨轩，陆游为之题诗：

规模正似钓鱼庵，把酒才容客二三。若比东偏参倚室，此中犹自觉耽耽。

---

① 《诗稿》卷六六《初夏闲居》（第六首），开禧二年夏，第7册，第3737页。
② 《诗稿》卷四八《斋中杂兴》（第二首），嘉泰元年冬，第5册，第2925~2926页。
③ 《诗稿》卷一六《醉中夜自村市归》，淳熙十一年秋，第3册，第1278页。

诗末自注："参倚：盖子聿书室名也。"① 可见子龙的这个烟雨轩，与陆游小儿子子聿（即子遹）的参倚轩一样，都是他们读书的书室。其他几个儿子的情况估计与此相类似。

其三，由此也可知，三山别业自从乾道元年兴建后，后来又不时有所添筑。由儿孙们居住的那些屋舍，估计陆游不太会经常出入，所以在前面所说的那些之外，应该还有一些建筑不一定在陆游的诗句中被提到过。庆元六年（1200），陆游为自己增修居室，并特意撰写了一篇《居室记》，记载颇详，可以为我们提供一些关于别业屋舍的具体信息：

> 陆子治室于所居堂之北，其南北二十有八尺，东西十有七尺，东西北皆为窗，窗皆设帘障，视晦明寒燠为舒卷启闭之节。南为大门，西南为小门，冬则析堂与室为二，而通其小门以为奥室。夏则合为一室而辟大门，以受凉风，岁莫必易腐瓦，补罅隙，以避霜露之气。②

按，一宋尺大约合今 31 厘米，则陆游所治之室大致为长 8.68 米、宽 5.3 米之间，的确算不上宽敞。不过看来这个居室是陆游自己住的，只是三山别业中的一间建筑而已。

其四，又根据这篇《居室记》，可知那是一座瓦房。陆游诗句中还有不少提到别业建筑的屋顶材料，虽然他的《弊庐》

---

① 《诗稿》卷四〇《子龙求烟雨轩诗口占绝句》（第二首），庆元五年秋，第 5 册，第 2571～2572 页。
② 《文集校注》卷二〇《居室记》。

诗声称自己的屋舍是"欹倾十许间，草覆实半之"，① 从更多的记述来判断，可以推知三山别业主要建筑应该都是瓦房，并非如同一般农舍那样的茅檐。淳熙十年（1183）六月某日夜里大雨，陆游有诗："急雨如河泻瓦沟，空堂卧对一灯幽。"② 当时他的居室还未营建，这个有"瓦沟"的建筑，估计是别业的正室。开禧三年（1207）十一月十一日，也是夜里大雨，"今夕复何夕，急雨鸣屋瓦"。③ 这或许是泛指别业的屋舍了。至于那间居室，如记文所写，后来陆游又在嘉泰四年（1204）冬《初寒》诗的注文中特别说明，"小室今年冬初增瓦三百个，三面窗皆设纸帘"，④ 的确是"岁莫必易腐瓦"。由此推知，年终易腐瓦、补罅隙，是当时建筑日常维护的必要工作。当然别业中也有茅屋，例如南堂就是草舍，不过应该都属于附属建筑。

总之，陆游的三山别业当然不止"败屋八九间"，或者"结庐十余间"而已，而是具有相当规模的一个建筑群。其实陆游自己也曾有过相对写实的记述。嘉泰三年（1203）他的《家居自戒》诗就写道："曩得京口俸，始卜湖边居。屋财十许间，岁久亦倍初。"⑤ 十许间建筑"倍初"后，至少就是二十多间了。所以不能说是"并不宽裕，亦不讲究"。⑥

屋宇之外，陆游诗句中更多提及的是别业的园林。关于园

---

① 《诗稿》卷四八《弊庐》，嘉泰元年秋，第 6 册，第 2904 页。
② 《诗稿》卷一四《雨夜》，第 3 册，第 1165 页。
③ 《诗稿》卷七三《十一月十一日夜闻雨声》，第 7 册，第 4052 页。
④ 《诗稿》卷五九《初寒》（第二首），第 7 册，第 3428 页。
⑤ 《诗稿》卷五六《家居自戒》，第 6 册，第 3271 页。
⑥ 邹志方：《陆游研究》，第 87 页。

林的面积，陆游既称"病卧湖边五亩园，雪风一夜圻芦藩"，①
又称"舍外地十亩，不艺凡草木"。② 这些当然也只是出于意象
之约数。邹志方归纳陆游的园林，指出其有东、南、西、北四个
园圃。其中东、南是花圃，西为药圃，北为蔬圃。圃中或有篱舍，
四个园圃之外，北侧山坡还有茶园。这样看来，东南西北四个园
圃并不一定相互独立，很可能是连成一个整体的田园，陆游只是
在不同地块种植不同的植物，因此才有花圃、药圃、蔬圃等不同
名目，三山别业的建筑群则坐落在这片园林之中。

　　陆游诗句里有时还提到各个园圃的面积。他最为用心的大
概就是位于东、南方位的花圃。绍熙五年（1194）冬，陆游
曾吟作一诗，标题明言"取舍东地一亩种花数十"，这块花圃
地应该紧挨着他后来的居室。前一年，他在《感怀》一诗中，
也曾称"小园财一亩，粲粲万蚯荽"。③ 不过后来他又说"东
园二亩地，重重作藩篱"，④ 不知是否东圃之地有过扩充。此
外，陆游还另有诗句称自己的花圃有三亩之广："松菊仅三
亩，作园真强名"；⑤ "小园财三亩，手自艺嘉木"。⑥ 不知是否
另指南圃。⑦ 总之，不管陆游常抱怨自己的花圃"财"多少，

---

① 《诗稿》卷六〇《雪夜》，嘉泰四年冬，第 7 册，第 3471 页。
② 《诗稿》卷四七《秋怀十首以竹药闭深院琴樽开小轩为韵》，嘉泰元年秋，第 6
　　册，第 2881 页。
③ 《诗稿》卷二八《感怀》（第三首），第 1923 页。
④ 《诗稿》卷七九《冬日斋中即事》（第六首），嘉定元年冬，第 8 册，第 4299 页。
⑤ 《诗稿》卷一六《小园》，淳熙十一年春，第 3 册，第 1260 页。
⑥ 《诗稿》卷六九《书意》（第二首），第 3876 页。
⑦ 陆游明确点明南圃为花圃的诗作，是撰于庆元四年冬的《闲居初冬作》："香碗
　　蒲团又一新，天将闲处著闲身。东窗换纸明初日，南圃移花及小春。妇女晨炊动
　　井臼，儿童夜诵聒比邻。早知闾巷无穷乐，悔不终身一幅巾。"《诗稿》卷三七，
　　第 5 册，第 2425 页。

三山别业有数亩园地专为植艺怡情之所，既反映了主人的雅趣，更透露了其相当的财力。

东、南花圃之外，西、北侧的药圃与蔬圃，则更具有实用意义。其中"舍北作蔬圃"，① 它的面积陆游诗句中似乎讲得比较清楚。三山别业初建之时，只有三亩地："山翁老学圃，自笑一何愚。硗瘠财三亩，勤劬赖两奴。"② 到庆元五年（1199），扩展了两亩："二亩新蔬圃，三间旧草堂。"③ 所以就成了"五亩畦蔬地，秋来日荷锄"。④ 当然不管是三亩还是五亩，应该只是约数，表示蔬圃大概的面积而已。陆游在诗句中提到过其蔬圃种植蔬菜的不少种类，例如作于淳熙八年十月的《蔬圃绝句》中，就提到了菘、芜菁等多种蔬菜。⑤ 蔬圃所种蔬菜，主要当然是供家人自食之需的，"荒园摘葵芥，近市买鸡豚"，⑥ 不过常常也"时分菜把饷比邻"，⑦ 新蔬当令，分赠邻里。倘若自食有余，偶尔更有出售的情况："折花持博酒，种菜卖供家。"⑧

园西药圃的面积有多大，陆游诗中未见提及。"幸兹身少闲，治地开药圃。"⑨ 药圃的收获，除自用外，看来主要就是出售以补家用了，详细见下文讨论。

---

① 《诗稿》卷三九《村舍杂书》（第三首），庆元五年夏，第 5 册，第 2511 页。
② 《诗稿》卷一三《蔬圃》，淳熙八年十月，第 3 册，第 1079 页。
③ 《诗稿》卷三九《自述》，庆元五年秋，第 5 册，第 2523 页。
④ 《诗稿》卷六八《荷锄》，开禧二年秋，第 7 册，第 3806 页。
⑤ 《诗稿》卷一三《蔬圃绝句》，淳熙八年十月，第 3 册，第 1077 ~ 1078 页。
⑥ 《诗稿》卷六〇《与儿孙小饮》，嘉泰四年冬，第 7 册，第 3445 页。
⑦ 《诗稿》卷三四《排闷》，庆元二年春，第 5 册，第 2243 页。
⑧ 《诗稿》卷四八《村兴》，嘉泰元年秋，第 6 册，第 2891 页。
⑨ 《诗稿》卷二五《药圃》，绍熙三年秋，第 4 册，第 1775 页。

陆游晚年虽然常常自嘲为老农，自诩躬耕，事实上不太可能亲自参加大田劳作，平时不过"倚杖看农耕"而已。[1] 当然在园林中帮着仆人搭把手，干点零活，浇水采苗，等，以作为日常读书之余的生活调剂，则偶尔有之。所以他自豪地声称"十亩春芜手自犁，瓜牛庐在镜湖西"。[2] 其中他最为用心的，除了花圃之外，就是药圃了："庭中正苦日卓午，水面忽看云过西。老子不辞冲急雨，小锄香带药畦泥。"[3]

乡间村民的经济生活，种蔬植果之外，无不饲养家禽家畜，以补家计。陆游也不例外。"既畜鸡鹜群，复利鱼蟹贱"，[4] 又称"种菜三四畦，畜豚七八个"。[5] 当然自家饲养的数量有时难免不足，常常还得从村市购买食用。

总之，陆游三山别业的园林，既为怡情之所，更是其家庭经济的一个重要组成部分。

综合起来看，陆游的三山别业是一所占地颇广，有着数十间以瓦房为主的屋宇，外围还有十多亩园林地的乡间庄园。这所庄园自然被深深地打上了文人士大夫趣味的烙印，但也可以在许多方面反映出南宋时期东南水乡平原地区乡村富户庄园的一般特征。

---

① 《诗稿》卷五七《出行湖山间杂赋》，嘉泰四年春，第 6 册，第 3303 页。
② 《诗稿》卷三四《醉归》，庆元二年夏，第 5 册，第 2262 页。
③ 《诗稿》卷六二《雨中锄药》，开禧元年夏，第 6 册，第 3539 页。
④ 《诗稿》卷六二《戒杀》，开禧元年夏，第 6 册，第 3551 页。
⑤ 《诗稿》卷二八《幽居》（第四首），绍熙四年冬，第 4 册，第 1935 页。

第二章

乡里社会：男丁共结春耕耦

纸窗百衲地炉红，围坐牛医卜肆翁。时节杯盘来往熟，朝晡盐酪有无通。男丁共结春耕耦，妇女相呼夜绩同。老子颓然最无事，客归自策读书功。(《村舍书事》)

一　家国之间

不管是像陆游那样的官宦寓公，还是其他富户或者乡老农夫，都是赵宋国家的子民，都必须向国家纳赋应役。那么，对于这些居住在星罗棋布般地散布于山会平原乡野聚落中的子民，帝制国家是如何管理的呢？这就涉及当时的乡村基层管理制度的问题了。

作为上层建筑的国家机器要想正常运转，必须得有相应人力、物力的支持。人力、物力出自基层民众，任何政体的国家都必须牢牢掌控住基层社会才能生存，所以古人说"民惟邦本，本固邦宁"。自从秦朝建立帝制时起，我国传统国家就废弃中间层级，建立起了由中央政府直接掌控基层民众的"编户齐民"之制。所谓"普天之下，谁不编户"。① 但是民户散布于天下，怎样才能将他们登录到户籍册，并有效地"编"（管理）起来呢？其关键在于乡里制度。

从秦汉而下，帝制国家主要通过统计各地的民户数，并将他们按一定的系统组织起来的办法，来控制基层社会。这是适合于当时的社会条件的。因为那个时候生产资源（土地）还相对宽裕，紧缺的是劳动力，只有控制住了劳动人口，才能确保国家的赋税徭役收入。所以东汉徐幹（170～217）认为，天下最重要的事情"其惟审民数乎"，② 就是通过户籍制度来统计天下的劳动人口。南宋朱熹（1130～1200）也说关键是要"联比居民"，③ 就是要以某种方式将民户组织起来。

"联比居民"的办法各个朝代有一些不同，基本是分成乡、里两个层级。就后来直接影响到宋代的唐代制度而言，它的规定是"百户为里，五里为乡"。④ 也就是每一百户人家编组成一个里，每五个里编组成一个乡，里与乡都设有行政头目，他们代表国家行使管理的权力。这些行政头目不算正式的官员，一般是从乡户中差派。乡之上就是县政府了，再往上就是州政府与朝廷，这样就形成了乡、里—县—州—朝廷的控制体系。我们可以称这样的乡里体系为"联户组织"，因为它是以人户为中心组织起来的，其他相关的要素，例如财产、赋役，等，都登录在人户的名下，官府只要管住了人户，就能将

---

① 《魏书》卷一四《元志传》，中华书局，1974，第363页。
② 徐幹：《中论》卷下《民数第二十》，《四部丛刊》初编本，第45页A面。
③ 朱熹：《晦庵先生朱文公文集》卷二一《论差役利害状》，第952页。
④ 《旧唐书》卷四八《食货志上》，中华书局，1975，第2088～2089页。

一切都掌控在手了。

为什么要规定"百户为里，五里为乡"，那是因为基层组织的规模得考虑到成本与效率之间的平衡。组织规模过大，所设置的行政头目少，运作成本低一些，管理的效果会降低；组织规模过小，容易管理，效果好，但会增加运作成本。"百户为里，五里为乡"的组织规模，是经过长期实践两者平衡的产物。可是人口总是慢慢增长的，有时局部还会因各种原因而衰减，造成人户数量的动态变化，这就会打破原来的组织规模。所以从理论上讲，乡里基层组织必须随着人口数量的波动而及时调整。我们可以从现存的历史资料中观察到，唐宋间不少地方一个县区之内乡、里的数量就是不断变化的。

当然，"百户为里，五里为乡"只不过是制度的条文，现实执行中基层组织规模不可能如此规整。因为乡野聚落大多自然形成，其规模大小不一，乡里体系在具体落实中必须与聚落相匹配，做出调整。或者几个小村落合并起来以为一里，又或者某个数百户的特大村落分设两至三个里，总之所谓百户只不过大概而已。

根据学者的统计，至少到公元八世纪中叶，乡的平均户数都在五百户左右，这说明到那个时候，唐代的乡里体系仍然作为联户组织正常运行。不过在此之后，情况慢慢出现了变化。一方面，由于土地兼并、农民大量逃亡，国家越来越难以掌控户口，最后不得不改革赋税制度，于唐德宗建中元年（780）改原先"以丁身为本"的租庸调制，为"以资产为宗"的两税制。这当然也说明了随着人口的增长，土地已经变成了比人口更为重要的生产资源，于是国家改而主要通过管控土地（"资产"）来攫取天下的财富。另一方面，尤其到唐代末年与五代，国家的行政能力降低，无法根据人口变动来及时调整乡里组织，乡里组织慢慢固化，变成了一种"地域组织"，也就是某乡某里不再指一定数量的人户，而是直接指它们所占据的某一个区块了，有不少里名变成了聚落的村名。于是在绝大多数情况下，一乡一里所包含的人户不断增多，远远超出原来制度规定的数量。于是乡里组织从原来"审民数"的一元体系，慢慢开始形成两套体系，分别籍记、管理土地与人口。因为国家控制了土地之后，到最终仍需要落实到实际拥有土地的人户头上去征取赋役，土地与人户两者都不可偏废。这一演变过程很漫长，大致要到北宋中期才完成转型。据现存资料统计，到十一世纪中期，每个乡所管辖人户的数量已经达到两千五百左右，为唐代中期的五倍。

当然，那个时候乡的性质也已非原物。当时有一些县只设一个乡，令人奇怪。例如淄州长山县、岳州临湘县等，都是这样。如果乡还是像原来那样管理组织，那只剩一个乡，为什么不干脆直接由县衙来取代它呢？事情当然不是那么简单。原来建中元年在推行两税法时，规定以前一年所收全国赋税总额，向下逐级分摊，分到各州各县，再从各县分摊到最低的一个层级——乡。也就是天下每一个乡都按照前一年所征收赋税的总额，再根据全乡田地数与它们的等级，分摊到每亩土地上面去，规定哪个等级的土地每亩应该交多少赋税。那为什么不取一个大一点的分摊单位呢？用朱熹的话来讲，是因为"算数太广，难以均敷"。[①] 不要说按州，就是按县来均摊也无法操

---

① 朱熹：《晦庵先生朱文公文集》卷一九《条奏经界状》，第 20 册，第 877 页。

作。从此，乡实际上就变成了一个税率核算单位。甲乡与乙乡之间，同样等级的一亩地所要交的赋税可能不一样。乡不再承担原先的那些管理职能，一般只设一个作为县吏的乡书手，制作每年征收赋税的簿账。于是，原来随着人户数不断调整、因而其所占地块也可能前后变化的乡，形成了明确的地界，开始出现"乡界"这样的概念。这样一来，乡也就完全地域化了，它的主要行政功能是管理乡区范围之内田地的簿籍，为国家征收赋役服务。在它之下的管理层级中，也有相应的地籍账簿，到明初就形成了大家所熟知的鱼鳞图册系统。

自唐末以来，不少相互间税率相同的乡慢慢合并。天宝元年（742），全国共设 16829 个乡，到北宋元丰年间（1078～1085）只剩下 6514 个了，不到原先的四成。有一些县虽然并得只剩下一个乡，因为乡有它特定的管理功能，也不能废弃。到后来只剩下一些相互间税率不等，或者由于其他原因不便合并者，乡的数量也就大体稳定了下来。税率高的乡自然希望与税率低的乡合并，税率低的乡却岂能同意，相互矛盾，从此乡区的调整就困难了。绍兴府附郭的会稽、山阴两县就是典型例证。会稽县唐代元和年间（806～820）共设二十六个乡，到北宋初年太平兴国年间减为十八个乡，南宋时仅剩十四个乡；山阴县在唐代兴废不常，太平兴国年间为十五个乡，到南宋又减去一乡为十四个乡。南宋以后，只有山阴县的灵芝、温泉两乡到清代康熙年间都一分为二，分设东、西乡，其他各乡一仍其旧，直到清末新政以前，两县乡数长期稳定，不再变化。

那么，陆游三山别业所在的聚落属于山阴县哪个乡呢？文献中没有留下明确的记载，我们只能略做推断。据绍兴县革命委员会 1980 年编印的《浙江省绍兴县地名志》，1949 年组建鉴湖乡，三山归属此乡。1958 年推行人民公社制，此地归属鉴湖（大）公社，1961 年调整为鉴湖公社。鉴湖公社东侧与灵芝公社接壤。灵芝这个地名，应该源自历史上的灵芝乡。南宋绍兴附郭的会稽、山阴两县，分辖东、西属境。根据《嘉泰会稽志》的记载，灵芝乡在"县西北二十五里"，这应该指灵芝乡中心的位置。山阴十四个乡当中，别无比灵芝更靠近府城之乡，而且后世的灵芝公社更在三山之东，或者由此可以推断陆游的三山聚落就属于当时的灵芝乡。

二 乡都亭长

前文说明，至迟到北宋中期，乡已经从前代的基层管理组织，演变成为一种税率基本核算单位，管理一乡的地籍，但是国家控制了土地之后，最终仍然需要向实际拥有土地的人户去征取赋役，对土地与人户的管控两者都不可偏废。此外基层的治安、民政等各项事务也不能废弃。所以在乡之外，县衙之下还存在一套从前代演变而来的以管控人户为主的基层管理组织，来承担这些行政职责。这套组织体系也是从唐制——具体而言，是从唐代的里制与村正、坊正制度等慢慢演变而来的。

唐代的基层在乡、里之外，其实还存在一套直接与聚落相配套的管理组织，那就是乡村的村正与城郭的坊正体系。按唐制，乡、里组织"掌按比户口，课植农桑，检察非违，催驱赋役"，其主要职责是向农户征催赋役；同时，"在邑居者为坊，别置正一人，掌坊门管钥，督察奸非，并免其课役。在田野者为村，别置村正一人"，[①] 这个村正、坊正体系与乡、里体系不同，是以地域——乡村聚落与城郭区块——为基础设置起来的，其主要职责在于"督察奸非"，也就是治安。当然，相比较而言，乡、里体系更为重要，所以最受关注。

从唐到宋，随着乡制的慢慢演化，征催赋役等职责下沉到乡之下的联户管理组织——管。宋初，朝廷有诏："诸乡置里正〔主〕赋役，州县郭内旧置坊正，主科税。"[②] 这实际是重申前代旧制。到宋太祖开宝七年（974），朝廷又颁布新制，明确规定废弃原来的里，在每个乡区设置管与耆两套体系，管置户长"主纳赋"，耆则置耆长"主盗贼、词讼"，[③] 大致上可以说是分别继承了唐代的乡里与村正坊正之制。所以学术界一般合称北宋前期的两套基层组织为"乡管制"。也有一些学者认为，管的制度并没有全面推行，大部分地区仍然实行以里正征催赋税的制度。

从北宋初年到其中期，管或者里的制度有一些变化，但是真正深刻影响乡村基层管理体系的则是保甲制的推行。

宋神宗（1067 年 1 月至 1085 年 4 月在位）继位以后，为了从根本上扭转国势羸弱、财政紧缺的局面，重用宰臣王安石（1021～1086）推行新法。在乡村基层管理方面，从熙宁三年

---

① 杜佑：《通典》卷三《食货典·乡党》，中华书局，1988，第 1 册，第 63 页。
② 徐松辑《宋会要辑稿·职官》四八之二五 A 面引《两朝国史志》，刘琳等校点，上海古籍出版社，2014，第 7 册，第 4321 页。
③ 同上注。

（1070）开始逐步在全国乡村推行组织保甲，以负担起基层治安管理的职责。他们同时还希望通过训练保甲，慢慢地取代募兵制，回归到前代的兵农合一制度上去。不过这一目标后来未能实现，保甲制的演变也完全超出了他们设计的预想。保甲制实际上是一种新型的完全以人户为中心组建的联户组织。根据保甲条文的规定，各地农村住户，不论主户或客户，每十家组成一保，五保为一大保，设大保长为头目；十大保为一都保，设都、副保正为正副头目。农闲时集合保丁，进行军训；夜间轮差巡查，维持治安。正是它的这一联户的特性，为其后来的演变提供了可能。

宋神宗、王安石君臣还于熙宁四年（1071）颁布实施募役法，又称免役法，就是向乡村户征取免役钱，免去他们被差充基层管理组织头目的职役，地方政府用新征取的免役钱召募民户充役。但是像免役钱这样一笔数额巨大的财政收入到了官府手里以后，对于它的支配使用很难会完全受原初制度设计的制约，而必然会随着管理者意志的转移而变化，被用到在他们看来更为合适的其他地方，这在专制国家里实在属于一般性的规律。仅仅在推行募役法三年以后，免役钱就已经部分被挪用，原来雇用户长、坊正的免役钱不再支付，改而将人户以二三十户为单位组成一甲，每年由其中一户轮流充当甲头，负责收取其余各户的赋税。第二年，许多地方开始以都副保正替代耆长，大保长替代壮丁这些原来应该由免役钱雇募的役人，省下来的免役钱，或者被挪用到其他行政开支项目，或者被"封桩"也就是贮积了起来。就这样，保甲组织逐渐混入职役中的乡役体系，并形成以基本无雇直的保正长承担一切基层公共事务的新的"保甲乡役"。由于原定的以五十户为一大保对于征催赋税组织规模过大，大保长的催税负担过重，后来就缩小其规模，改为每二十五户为一大保。到南宋，在岭南等局部地区，都保之下仍然实行甲头制，每三十户结为一甲，税户轮充催税甲头。在规模上与大保差不太多。也有部分地方仍然招募户长、耆长。不过在绍兴府所在的浙东地区，全由大保长负责催税。这就是朱熹所说的，"至如江浙等处，则遂直以保正承引，保长催税"的情况。① 南宋学者陈傅良（1137～1203）则称这是"以保甲法乱役法"。②

所以，到陆游的时代，赵宋国家的乡村基层管理制度整体而言是在县之下划分成数个乡，以作为管理地籍、税率的单位，乡区之下主要设置联户性质的保甲，按一定人户数来组织大保与都保，并由它们来承担基层的赋税催征、治安等事务。学术界一般称之为"乡都制"。

基本按联比人户原则建构起来的、规范化的保甲组织，如何落实到规模不一、分布无序的聚落群之上，与之相配合，文献记载所能提供的信息极少。大致推测，大保或者可能与相应规模的自然村相匹配，不过如果是人户"百家聚"的集村，就会出现一村分成两个甚至三个大保的情况；同样的，"独士人数家在焉"那样的散村，可能就需要数个自然村来联合组成一个"行政村"了。这里有一点比较清楚，那就是都保正所居之处，大多是那些属于中间市场的集村，它是一都之内的

---

① 朱熹：《晦庵先生朱文公文集》卷二一《论差役利害状》。
② 陈傅良：《陈傅良先生文集》卷二一《转对论役法札子》，浙江大学出版社，1999，第 289 页。

"主村"。① 南宋时期还有人将其称为"保正所"。②

陆游三山别业所在的村落,他虽然常常自谦称为三家村,但也多次在诗作中提到聚落有"村巷","东巷南巷新月明,南村北村戏鼓声",③ 并明言"村北村南数十家,陂池重复谷畲畬"。④ 有时甚至说"三山百家聚",不过那是他在夸耀三山聚落人户虽多,村民却能够和睦相处,"齐民让畔不争桑,和气横流岁自穰",⑤ 所以"百家聚"不一定是数量上的实指,只表明聚落有一定规模而已。总之,比"独士人数家在焉"那样的小聚落要大不少是肯定的。所以估计是单独设置了一个大保,尽管陆游并没有告诉我们。

陆游对南宋乡村职役人员的描述,值得关注。

庆元六年(1200)冬,陆游曾作《小舟白竹篷盖保长所乘也偶借至近村戏作》诗,共两首,其中第一首吟道:

> 茅檐细雨湿炊烟,江路清寒欲雪天。不爱相公金络马,羡他亭长白篷船。⑥

诗题中所言"保长",层级未明,未知指大保长还是都保正。有意思的是,借乡邻之船出游本是常事,在这里,他并未用在其诗文常见的野人、农家、邻翁、父老等称呼,却特意拿这位

---

① 参见包伟民《宋代的村》,《文史》2019 年第 1 辑,第 163~191 页。
② 吕南公:《灌园集》卷一四《与张户曹论处置保甲书》(第二首),《景印文渊阁四库全书》,第 1123 册,第 142 页。
③ 《诗稿》卷七〇《书村落间事》,开禧三年春,第 7 册,第 3891 页。
④ 《诗稿》卷五九《初寒示邻曲》,嘉泰四年秋,第 7 册,第 3426~3427 页。
⑤ 《诗稿》卷七九《杂赋》(第十一首),嘉定元年冬,第 8 册,第 4296 页。
⑥ 《诗稿》卷四五,第 2758 页。

乡邻临时的社会性身份"保长"来指称他。这也许表明，在陆游看来，这位"保长"的社会性身份值得重视，体现了某种重要的地位。在诗句中，他还以"亭长"这一前代旧名来指称这位"保长"。在作于绍熙三年（1192）的《戏咏村居》诗中，陆游曾自嘲久居乡里，"衣裁大布如亭长，船设低篷学钓徒"。① "大布"本义粗布，应该是当时农民阶层常见的衣料。但是陆游特别说明自己"衣裁大布如亭长"，可见要点并非衣料质地，而在于它的款式。如果其款式与一般的农家父老无异，并无须言明"如亭长"。由此看来，在当时的山阴乡村，"亭长"即"保长"，甚至连衣着都已向上层社会靠拢，与一般农夫不一样了。陆游在另一首《白发》诗中对自己的衣着也有描写，"大布缝长衫，东阡复南陌"，可见大布长衫，不似一般农民为了方便农作而短衣短打，正是乡居士人以及其他相对富庶的上层人士衣着的一般特征。如此看来，陆游向其借用白竹篷盖小舟的"保长"，恐怕不是每二三十家人户派充一名以"主科赋"的大保长，应该是指管理数百家人户的都保正无疑。所以，才可能出现一般农户对他们"亭长闻名不识面，岂知明府是何人"的现象。② 如果只是一般的大保长，二三十户人家、邻里之间，竟然闻名而不识面，就难以想象了。

　　这些穿着大布长衫，一般农户可能闻名不识面的亭长——都保正们，之所以能够让陆游另眼相看，其原因无非有二：其

---

　　① 《诗稿》卷二四《戏咏村居》（第二首）。绍熙三年春，第4册，第1757页。
　　② 《诗稿》卷七八《村舍》，嘉定元年秋，第8册，第4259页。

一，例如在南宋江西抚州，据记载"况今之为保正副、户长者，皆非其亲身，逐都各有无赖恶少，习知乡间之事，为之充身代名，执役之亲身虽屡易，而代役之充身者数十年不易也"。① 这里是说当地的保正副、户长们，都不是由本当轮差的人户来应役，而是"充身代名"，也就是由那些人户出钱雇人代充的。而那些代充之人都是地方的无赖恶少，他们"习知乡间之事"，不仅了解乡村实际，更比一般乡村人户熟悉地方官场，所以能够从这些代役的身份中获利，并且长期霸占役名，数十年不易。这其实是南宋社会的普遍现象，陆游的浙东农村也与抚州相同，保正长任役人员已经出现固定化，甚至胥吏化的趋势，形成了一个特定的社会阶层。其二，这些习知乡间、长期代役的无赖恶少们权力不小，以致每当他们上门，农户们不得不以酒食打点，"催科醉亭长，聚学老书生"。② 这种权力的源头，主要当然是来自其委派方——官府。因为他们代表官府督责赋税、管理乡村。从另一个角度去观察，也可以说他们与普通村民在身份地位以及心理立场上已经明显拉开了距离，在相当程度上成为官府权力在乡村的代理人。

所以，在陆游的诗句中，每当写到穷凶极恶地向农户催科，谴责官府催科之严酷时，其实还很少用"亭长"这个词，如前面提到的"催科醉亭长"，在更多的情况下，几乎全是用"吏""县吏""督租吏"那样的词语："门前谁剥啄，县吏征

---

① 黄榦：《勉斋先生黄文肃公文集》卷二三《代抚州陈守》，《宋集珍本丛刊》第67册，线装书局，2004，影印元刻本，第770页。
② 《诗稿》卷四一《东村步归》，庆元五年秋，第5册，第2583页。

租声。"① 如果农作年成大好，家家能够及时完租纳税，使得"常年县符闹如雨，道上即今无吏行"，② 那就真的是人人笑逐颜开了。"吏不到门人昼眠，老稚安乐如登仙"。③

按理讲，宋廷对于派遣县吏公人、巡检司兵卒下乡，有严格的限定，虽然不能排除为了催科县衙偶尔遣吏下乡的情况，但并非常态。南宋另一个著名诗人刘克庄（1187~1269）就说过："通天下使都保耆长催科，岂有须用吏卒下乡之理！"④ 一般情况下，⑤ 如果底层的大保长们催发不行，真正到农户门前剥啄征租（税）的，应该就是那些"都保耆长"。即便需要将那些逋负赋税未交的农户押解县衙，大多也应该是由保正副们率领其辖下的壮丁们前来行事，以至"常年征科烦棰楚，县家血湿庭前土"。⑥ 看来，在陆游的笔下，有着明显地将"县吏"与"亭长"等同化的倾向，所以他干脆用"县吏"来代指"亭长"——也就是都副保正们了。之所以如此，无疑是因为在陆游的乡村世界里，已经将"亭长"们归入胥吏者流了。

三　邻里世旧

不过，写到邻里间的日常生活，陆游乡村世界的基调则是

---

① 《诗稿》卷三二《农家叹》，庆元元年春，第 4 册，第 2140 页。
② 《诗稿》卷六七《秋词》（第二首）。
③ 《诗稿》卷三四《丰年行》，庆元二年春，第 5 册，第 2248 页。
④ 刘后村（克庄）：《州县催科不许专人》，见录于不署编撰者《名公书判清明集》卷三，中华书局，1987，第 66 页。
⑤ 谢深甫监修《庆元条法事类》卷七《职制门四·巡尉出巡》引"职制令"，戴建国点校，杨一凡、田涛主编《中国珍稀法律典籍续编》第 1 册，黑龙江人民出版社，2002，第 134 页。
⑥ 《诗稿》卷三七《秋赛》，庆元四年秋，第 5 册，第 2403 页。

温馨和谐的。

婚姻宗族

南宋绍兴府附郭的会稽与山阴两县，它们的辖境都兼及河网平原与丘陵山区。越地山区民风一向剽悍，负气尚勇，从勾践时代以来就是如此，文献中有不少描述。度宗咸淳三年（1267），陈著（1214～1297）出任山阴邻县嵊县的知县，他曾撰《嵊县禁夺仆榜》，称"本邑有一大怪事，夺仆是也"。① 豪强横行，当街抢人充当奴仆，今天读来仍难以想象其世态。陆游三山别业所处为山阴县的河网平原地区，向南靠近山区，平居也常见其与山民多有交往。他不仅时常从山市采购茶叶、竹笋等商品，"出山茶笋村墟闹"，② 还有木柴燃料："乡市小把柴谓之溪柴，盖自若耶来也。"③ 柴把负重，所以得靠水运，从若耶溪运载而下销售。他家里的奴仆婢女，"纫缝一獠婢，樵汲两蛮奴"。④ 从"獠""蛮"的用词看，估计也是从山区雇用来的。后来在他的《卧病杂题》诗中，明言自己家里有"山仆"。⑤

陆游闲居，不时出游，有时走得略远，例如他在诗中常常提及的平水市，为位于若耶溪边的一个山区村市，"蓣食草庵中，肩舆小市东"，⑥ 则已是向南进入会稽山区了。庆元五年（1199）春，他又有《寒食日九里平水道中》一诗，⑦ 说走了

---

① 陈著：《本堂集》卷五三，《景印文渊阁四库全书》第 1185 册，第 261 页。
② 《诗稿》卷五○《春游》，嘉泰二年春，第 6 册，第 3007～3008 页。
③ 《诗稿》卷二一《晨起》，淳熙十六年冬，第 3 册，第 1601 页。
④ 《诗稿》卷一《幽居》，隆兴元年秋，第 1 册，第 70～71 页。
⑤ 《诗稿》卷八四《卧病杂题》（第四首），嘉定二年秋，第 8 册，第 4502 页。
⑥ 《诗稿》卷一五《平水小憩》，淳熙十年十、十一月间，第 3 册，第 1224 页。
⑦ 《诗稿》卷三九《寒食日九里平水道中》，庆元五年春，第 5 册，第 2483 页。

九里就到了平水道上，这估计是从其位于会稽县的石帆别业出游时所作，如果从城西山阴县的三山别业来计算，两地距离则不下三四十里。所以总体来讲，陆游所描述的是山阴平原水乡的乡村生活。

诗作所传递的信息零碎且曲折，大致梳理，可以略作归纳的有如下几个方面。

乡村社会与外部世界的联系有限，多数农户甚至"生不识官府"，[1] 因此他们的社交圈基本上是以血缘关系为基础构成的。学界以往主要依据明清时期记载的讨论，常常强调基本市场圈对农民社交圈的影响。乡村社会的婚姻关系基本上也在市场圈的范围之内展开。[2] 以理揆之，南宋时期浙东地区的情况应该与之相去不远。不过囿于诗作所传递信息的局限性，我们可以感知山会地区农民的婚姻圈似乎更为狭小，有时甚至不出村落的范围："世通婚姻对门扉，祸福饥饱常相依。"[3] 又如"樵牧相谙欲争席，比邻渐熟约论婚"。[4] "一村婚娉皆邻里，妇姑孝慈均母子。"[5] 有时，陆游甚至还点明了具体某一村落的婚姻圈状况。例如他经常散步闲游所至的西村湖桑埭："人情简朴古风存，暮过三家水际村。见说终年常闭户，仍闻累世自通婚。"[6] 在他泛舟游东泾村的诗作中也提到此村"耕犁无

---

① 《诗稿》卷五五《记东村父老言》，嘉泰三年秋，第 6 册，第 3211 页。
② 参见施坚雅（William G. Skinner）编《中华帝国晚期的城市》（*The City in Late Imperial China*），叶光庭等译，中华书局，2000；任放：《二十世纪明清市镇经济研究》，《历史研究》2001 年第 5 期，第 168～182 页等。
③ 《诗稿》卷六三《谕邻人》（第三首），开禧元年秋，第 7 册，第 3568 页。
④ 《诗稿》卷一《村居》，隆兴元年，第 1 册，第 64 页。
⑤ 《诗稿》卷七○《书村落间事》。
⑥ 《诗稿》卷三九《散步至三家村》。

易业，邻曲有通婚"。① 这种情形，或者并非局限于浙东农村而已。他在蜀地所撰的乡村诗中，也曾有类似的描述："江头女儿双髻丫，常随阿母供桑麻。当户夜织声咿哑，地炉豆萁煎土茶。长成嫁与东西家，柴门相对不上车。"② 当然，这些诗句并不必然排除村姑外嫁邻村，甚至更远一点聚落的可能性。不过从"一村婚娉皆邻里""仍闻累世自通婚"这样的描述看来，村落内婚姻的比例当是不小。有的时候，陆游的措辞相对含糊，例如"从来婚聘不出乡，长自东家适西舍"。③ 所谓"不出乡"，看来也并非特指一县数乡之乡区，而是泛指村落，所以才"长自东家适西舍"。因此，陆游排遣自己的心情，强调归耕乡间的一个令人称心宽慰之处，就在于"归家力农桑，慎莫怨贫贱，婚嫁就比邻，死生长相见"。④ 这无疑是在对乡村社会婚姻状况作一般性的归纳了。

讲到婚姻圈，必须涉及的一个话题就是宗族组织问题。

我国历史上宗族组织的发展，有一个前后演变的过程。早在先秦时期，家国同构，国家机器以宗法关系为基础而建构。嬴秦一统天下，帝制成立，废世袭宗法。自秦汉而下，宗法活动以社会上层贵族为中心展开，"官有簿状，家有谱系"，魏晋时期的门阀士族是其代表。到隋唐，贵族型家庭制度也逐渐瓦解，所以南宋郑樵（1104～1162）说"自五季以来，取士

---

① 《诗稿》卷二二《泛湖至东泾》（第二首），绍熙二年春，第4册，第1657页。
② 《诗稿》卷八《浣花女》，淳熙四年七月，第2册，第657页。
③ 《诗稿》卷六七《秋词》（第三首），开禧二年秋，第7册，第3791页。
④ 《诗稿·逸稿续添·种桑》，第8册，第4570页。

不问家世，婚姻不问阀阅，故其书散佚而其学不传"。① 不过出于互助的需要，以尊祖睦宗为要旨，团结宗亲，又慢慢地发展起了一种新的宗族形态。北宋时的一些士大夫有感于科举时代社会流动性增大，仕宦不常，"近世名门鲜克永世"，"贫富无定势，田宅无定主……"② 出于社会地位不稳定的危机感，带头呼吁，是这种新宗族组织的引领者与推动者，其他社会阶层后来也开始效仿。及至明代，宗族组织普及到社会的各阶层。到清代后期，国家政权更开始有意识地发挥其辅助作用，以与地方基层组织互相配合，从而形成了"保甲为经，宗法为纬"的地方管理体系。③ 学术界一般称这种新宗族组织为"平民型宗族"，两宋是它的发端期。

所以，尽管如前所述，山阴农村乡户的婚姻圈比较狭窄，在陆游的诗句中反映的关于宗族组织的信息却相当少，至少未见明显的乡野村落聚族而居的情形。

陆游祖先在五代时迁徙到山阴鲁墟村，实属出赘于他姓。经过数代发展，确实有不少陆氏族人曾经生活在鲁墟，但这并未能使鲁墟一直成为陆氏聚居的中心。后来陆游在给会稽县五云乡农夫陈氏老写传时，感叹祖业失落："予先世本鲁墟农家，自祥符间去而仕，今且二百年，穷通显晦所不论，竟无一人得归故业者，室庐桑麻果树沟池之属悉已芜没，族党散徙四

---

① 郑樵：《通志》卷二五《氏族略第一·氏族序》，《通志二十略》上册，中华书局，1995，第 1 页。
② 袁采：《袁氏世范》卷三《富家置产当存仁心》，天津古籍出版社，1995，第162 页。
③ 冯桂芬：《校邠庐抗议》卷上《复宗法议》，沈云龙主编《近代中国史料丛刊》第 62 辑，文海出版社，1966，影印光绪二十三年聚丰坊刻本，第 116 页。

方，盖有不知所之者。过鲁墟未尝不太息兴怀，至于流涕也。"① 以至他对务农不仕的乡党心生羡慕，有"四朝遇主终身困，八世为儒举族贫"之叹。② "散徙四方"正是陆氏族人选择居所的实况，后来陆游也离开故庐，迁居于三山。

前面说过，陆游称"三山百家聚"，实际估计为数十户人家。他记录自家的邻居，北邻韩三翁，西邻因庵主，南邻章老秀才，③ 都是异姓，可见三山实属众姓聚居的村落。陆游对于自己的三山别业相当自豪，曾经夸口"数椽幸可传子孙，此地它年名陆村"，④ 这只是他在强调自己的别业可传之子孙后代，而不是特指三山可为陆氏血缘睦宗的聚居之所。

与此相应，作为山阴名族，陆氏如何以宗族组织形式在地方社会产生影响力，这一点未能从文献中得到正面的支持。相反，陆游与族人之间存在某种矛盾的记载，却偶尔可见。例如他在《放翁家训》里提到祖先墓地遭到族人的"残伐扰害"："九里袁家岙大墓，及太傅、太尉、左丞、少师、荣国夫人、康国夫人诸墓，岁时切宜省视修葺。近岁族人不幸有残伐扰害者，吾竭力禁止之。虽遭怨詈诬讼者，皆不敢恤。"还有族人偷盗家庙中陆佃的藏书："馀庆藏书阁色色已具，不幸中遭扰乱，迄今未能建立。……此阁本欲藏左丞所著诸书，今族人又有攘取庵中供赡储蓄及书籍者，则藏书于此，必至散亡。"至

---

① 《文集校注》卷二三《陈氏老传》，第 3 册，第 39 页。
② 《诗稿》卷四九《七侄岁莫同诸孙来过偶得长句》，嘉泰元年冬，第 6 册，第 2953 页。
③ 《诗稿》卷六七《思北邻韩三翁西邻因庵主南邻章老秀才》（第二首），开禧二年冬，第 7 册，第 3841～3842 页。
④ 《诗稿》卷三八《三山卜居今三十有三年矣，屋陋甚而地有余，数世之后当自成一村。今日病少间，作诗以示后人》。

于如何应对，陆游也没有什么良策，只是告诉儿子们："不若散之于家，止为佛阁，略及奉安左丞塑像可也。"[①] 从这些现象至少可知，陆氏家族拙于"睦宗"，宗族的组织是欠完善的。这或者可以说明，至少在南宋的山阴地区，有些学者关于"集族权、绅权于一身的乡绅势力"控制南宋乡村社会的想象，[②] 略嫌夸张。当时居乡村社会各种权力关系核心的仍然是乡都组织及其头目。

乡野聚落的管理，官府主要关注的自然是如何保证国家法令在基层的落实，至于日常生活基本还是由村民自理。北宋末年有一个叫李元弼的人，曾经编写过一本属于地方官经验之谈的官箴书《作邑自箴》，其中收录一篇《牓耆壮》的榜文，归纳主要负责地方治安的耆长壮丁们的职责，明确要求"耆长只得管干斗打贼盗烟火桥道等公事"，此外还要求他们负责修治桥梁、道路，砌甃井壁，围护井口，收治无主病人，照看张贴官府公告的粉壁，召集村民扑打损坏庄稼的蝗虫，承接落实由县衙下发的公文，等。[③] 在此之外，涉及公共事务管理的应该还有不少，不过大多属于琐细杂务，在官方文献中很少留下记载。

陆游诗句中吟颂比较多的是更鼓。淳熙十五年（1188）八月，他写有《夜坐忽闻村路报晓铁牌》一诗："何人叩铁警农耕，炊饭家家起五更。"又曰："五更不用元戎报，片铁铮

---

① 陆游：《放翁家训》，第 154 页。
② 林文勋、谷更有：《唐宋乡村社会力量与基层控制》，云南大学出版社，2005，第 182～183 页。
③ 李元弼：《作邑自箴》卷七《牓耆壮》，黄山书社 1997 年影印《历代官箴书》第 1 册，第 86～88 页。

铮自过门。"① 可知每天五更（寅时），在陆游的三山别业中可以听到有人用铁牌打更，打更人"自门过"，应该不专为陆游所在的这一个自然村所设，而是在数个村落的范围之内巡回的。在前近代时期，夜间定时打更击鼓，既为报时，更警盗贼。城郭管理相对严格，一般以刻漏计时，击鼓鸣更，列入官府条文。乡野阔远，有一些偏僻的村落或许不一定能够面面俱到，不过三山别业位于鉴湖北岸湖堤之侧，相对冲要，自然在更夫巡警的范围之内。传统打更一般从戌时到寅时五次，在山阴县，打更的器具陆游已明言是铁牌，但他还常常称之为"鼓角""漏鼓"，这不过是借用城郭之制的转喻而已。同年十月他还有一诗，题作《冬夜不寐至四鼓起作此诗》;② 十几年后的《寒夜枕上》，更有"屋老霜寒睡不成，迢迢漏鼓过三更"之句，③ 可知远村与城郭一样，也是每个更次都巡警报时的。村落的更夫制度，应该是乡都组织的职责。

邻里之间

村舍邻里之间在生产与生活等其他各个方面互帮互助，则出于自发，陆游咏吟记述比较丰富，体现了传统乡村生活温情脉脉的一面。

传统农耕生产在很多情况下是需要村民互助展开，结伴协作的。如结伴耕作，《村居》："馈浆怜道喝，裹饭助邻耕。"④

---

① 《诗稿》卷二〇《夜坐忽闻村路报晓铁牌》，淳熙十五年八月，第3册，第1540页。

② 《诗稿》卷一三《冬夜不寐至四鼓起作此诗》，淳熙八年十月，第3册，第1079页。

③ 《诗稿》卷四四《寒夜枕上》，庆元六年冬，第5册，第2747页。

④ 《诗稿》卷五一《村居》，嘉泰二年夏，第6册，第3049页。

《祠禄满不敢复请作口号》："赖有东皋堪肆力，比邻相唤事冬耕。"① 以及《邻饷》："结队同秋获，连稽听夜舂。"② 例子很多。道路、桥梁、井泉、河堤等公共设施，有待于邻里间的共同维护。如《古井》："道傍有古井，久废无与汲。邻里共浚之，寒泉稍来集。"③ 农户个体经济的维持，有时也需要邻里间的相互帮助，"比邻通有无，井税先期足"。④ 所以，陆游对"骨肉团栾无远别，比邻假贷不相违"的"村老"，表示"可羡"。⑤

在日常生活中，邻里间的友情在许多细节中表现出来。开禧二年（1206），已是八十二岁高龄的陆游作《新晴》诗，有"市垆分熟通赊酒，邻舍情深许借驴"之句。⑥ 第二年，他又作《题门壁》一诗，更感慨自己在三山别业"四十年来住此村，胜衣拜起有曾孙。市垆分熟容赊酒，邻舍情亲每馈餐"，⑦ 表达了对于邻舍亲情的眷恋与感激。故此他也十分在意维护邻里之间的这种亲情关系："东邻稻上场，劳之以一壶。西邻女受聘，贺之以一襦。诚知物寡薄，且用交里闾。"⑧ 当然，作为一个"酒仙"，陆游在诗作中描绘最多的是他与村邻聚饮的欢悦之情。如《与村邻聚饮》："交好贫尤笃，乡情老更亲。

① 《诗稿》卷三八《祠禄满不敢复请作口号》（第二首），庆元四年冬，第 5 册，第 2435 页。
② 《诗稿》卷五〇《邻饷》，嘉泰二年春，第 6 册，第 3010 页。
③ 《诗稿》卷六七《古井》，开禧二年夏，第 7 册，第 3779 页。
④ 《诗稿》卷三九《予读元次山〈与瀼溪邻里〉诗，意甚爱之，取其间四句，各作一首，亦以示予幽居邻里》，庆元五年夏，第 5 册，第 2517 页。
⑤ 《诗稿》卷七八《访村老》，嘉定元年秋，第 8 册，第 4235 页。
⑥ 《诗稿》卷六五《新晴》，开禧二年春，第 7 册，第 3685 页。
⑦ 《诗稿》卷七一《题门壁》，开禧三年夏，第 7 册，第 3944 页。
⑧ 《诗稿》卷二三《晚秋农家》（第四首），绍熙二年秋，第 4 册，第 1695 页。

鲞香红糁熟，炙美绿椒新。俗似山川古，人如酒醴醇。一杯相属罢，吾亦爱吾邻。"① 前面提到过，陆游还在一首诗中特别描述了自己寓所周围的三位邻居，北邻"韩翁生不识官府"，估计是一家农户；西邻因庵主又称"因师"，而且"老乃学长斋"，或者是一位宗教人士；南邻章老秀才，大概是一位潦倒于科场的士人。陆游称赞他们"未尝一语欺其邻"，可见邻里之间关系相当融洽。

　　在与村民邻里这种协作互动之中，有一个因素尤其值得注意，那就是乡村社会传统节俗的促进作用。庆元五年（1199）农历十二月二十三小年夜，陆游一家祭灶之礼完毕后，按习俗请邻舍聚饮，第二天酒醒，他有诗吟之："卜日家祭灶，牲肥酒香清。分胙虽薄少，要是邻里情。众起寿主人，一觥激滟倾。气衰易成醉，睡觉窗已明。"② 聚饮之余，还请邻舍们分享了祭肉。这样的祭灶分胙并非一时兴起，而是"岁时风俗相传久，宾主欢娱一笑新"，③ 所以应该是每年行礼如仪的。两年后的嘉泰元年（1201），陆游复吟《辛酉除夕》诗，也写到了分胙之俗："登梯挂钟馗，祭灶分其余；僮奴叹我健，却立不敢扶。"④ 这当然并非是陆游一家的行为，而是一种普遍性的礼俗。所以也在同一年，陆游在其《冬至》诗中，更有"邻家祭彻初分胙，贺客泥深不到门"之句。⑤

---

① 《诗稿》卷六〇《与村邻聚饮》（第二首），嘉泰四年冬，第 7 册，第 3447 页。
② 《诗稿》卷四一《冬日读白集，爱其"贫坚志士节，病长高人情"之句作古风》（第十首），庆元五年冬，第 5 册，第 2603 页。
③ 《诗稿》卷四一《祭灶与邻曲散福》，庆元五年冬，第 5 册，第 2606 页。
④ 《诗稿》卷四九《辛酉除夕》，嘉泰元年冬，第 6 册，第 2976 页。
⑤ 《诗稿》卷六〇《冬至》，嘉泰四年冬，第 7 册，第 3459 页。

实际上，这样促进乡邻间亲情关系的因素，差不多融入了当时农村其他所有的节俗之中。陆游诗作中多有咏吟：如春社，"社肉如林社酒浓，乡邻罗拜祝年丰"，[①] 乡邻们共饮社酒，互祝年成丰收；如祈蚕，"户户祈蚕喧鼓笛，村村乘雨筑陂塘"。[②] "偶携儿女祈蚕去，又逐乡邻赛麦回"；[③] 如祈雨雪，"老巫祈社雨，小妇饷春耕"。[④] "丛祠祈腊雪，小市试春灯"；[⑤] 如赛神，"岁熟乡邻乐，辰良祭赛多。……人散丛祠寂，巫归醉脸酡"。[⑥] "到家更约西邻女，明日湖桥看赛神。"[⑦] 似此等，不一而足，所以陆游才有"祭多巫得职，税足吏无权"之叹。[⑧]

如果农事年成较好，村落邻里间还会集资凑钱，乘节日请伶人前来作场唱戏。"单衣初著下湖天，飞盖相随出郭船。得雨人人喜秧信，祈蚕户户敛神钱。"[⑨] "敛神钱"，每家每户凑钱集资，自然也并非限于祈蚕一俗而已。于是就有了"比邻毕出观夜场，老稚相呼作春社"的热闹场景。[⑩] 绍熙四年（1193）那一年，可能年景较好，据陆游的描述，山阴农村

① 《诗稿》卷二七《春社》（第二首），绍熙四年春，第 4 册，第 1883 页。
② 《诗稿》卷三二《春夏之交风日清美欣然有赋》，庆元元年春，第 4 册，第 2138 页。
③ 《诗稿》卷四二《连日往来湖山间颇乐即席有作》，庆元六年春，第 5 册，第 2655 ~ 2656 页。
④ 《诗稿》卷八〇《湖山》（第三首），嘉定元年冬，第 8 册，第 4315 页。
⑤ 《诗稿》卷三八《冬日出游十韵》，庆元四年冬，第 5 册，第 2448 页。
⑥ 《诗稿》卷四八《赛神》，嘉泰元年秋，第 6 册，第 2891 页。
⑦ 《诗稿》卷二八《镜湖女》，绍熙四年冬，第 4 册，第 1971 页。
⑧ 《诗稿》卷六八《秋怀》（第三首）。
⑨ 《诗稿》卷三二《上巳书事》，庆元元年春，第 4 册，第 2136 页。
⑩ 《诗稿》卷三八《三山卜居今三十有三年矣，屋陋甚而地有余，数世之后当自成一村。今日病少间，作诗以示后人》。

"太平处处是优场，社日儿童喜欲狂。且看参军唤苍鹘，京都新禁舞斋郎"。① 甚至那些在行都被禁止上演的曲目，在乡间百无禁忌，照唱不误。乡间伶人作场唱戏，不少都在夜间举行。所以说"野寺无晨粥，村伶有夜场"。② 庆元四年（1198）秋，山阴地区又一次农事大获，陆游因此作《书喜》诗："今年端的是丰穰，十里家家喜欲狂。俗美农夫知让畔，化行蚕妇不争桑。酒坊饮客朝成市，佛庙村伶夜作场。……"③ 这种乡间"文艺市场"的兴盛，还在相当程度上促成了乡间艺人职业的形成。"老伶头已白，相识不论年。时出随童稚，犹能习管弦。"④ 不过这种乡间艺人，估计多数仍然是某些农民的业余兼职（见图版1）。

除了个体家庭之外，春秋结社祭祀土地、祈蚕求雨、赛神傩戏等村落间的集体性节俗活动，当时称为"作社会"。李元弼曾说："民间多作社会，俗谓之保田蚕人口，求福禳灾而已。"正因为"作社会"在乡村世界中十分普遍，以至于当时人们将其他一些集体性的活动都称为社。例如陆游描写自己与儿童一起斗草嬉戏，"身入儿童斗草社，心如太古结绳时"。⑤ "作社会"大多由村落老人组织发起，其中有一些则属于地方宗教人士。陆游《壬子除夕》诗提到的"蚕官社公"，⑥ 应该就是组织者的角色。集体活动免不了需要一定的开销，得由村

---

① 《诗稿》卷二七《春社》（第三首）。
② 《诗稿》卷五七《出行湖山间杂赋》（第二首）。
③ 《诗稿》卷三七《书喜》（第二首），庆元四年秋，第5册，第2417页。
④ 《诗稿》卷五三《老伶》，嘉泰三年五月，返山阴道中，第6册，第3162页。
⑤ 《诗稿》卷五六《老甚自咏》，嘉泰四年春，第6册，第3288页。
⑥ 《诗稿》卷二六《壬子除夕》，绍熙三年冬，第4册，第1860页。

民凑份子，就是交社钱。"先输官庾无逋赋，共赛神祠有社钱"。① "青裙溪女结蚕卦，白发庙巫催社钱"。② 陆游怀念已故邻居章老秀才，说"乡间耆宿非复前，老章病死今三年。朝来出门为太息，不见此翁催社钱"。可知章老秀才也是村社活动的一个组织者。社钱若收取过多，也不免会成为民众的负担，所以章老秀才向陆游收社钱也需要"催"。庆元四年夏，陆游还写过另一首《书喜》，诗句曰："亭鼓不闻知盗息，社钱易敛庆秋成。"③ 农事丰收，家家有盈余，社钱就容易收取了。有时豪强无赖强收社钱，乘机敛财，也会成为地方的弊病。李元弼的榜文就劝谕民间不要过分"率敛钱物"。漳州人陈淳（1159～1223）也曾批评当地神祠庙会众多，组织者向民间强索社钱之弊。④ 嘉定元年秋，陆游晚境困苦，自嘲要与僧人一起去化斋，却还被人催交社钱，"邻僧每欲分斋钵，庙史犹来索社钱"。⑤ 家境远不及陆游的那些贫苦下户，对他们来说交社钱自然更不容易。

乡间生活，邻里之间，家长里短，有时也不免有唇齿之争，陆游以长者的身份，常常出面当和事佬，也常有诗篇劝谕邻里，"乡邻皆世旧，何至誓弗过"。⑥ 开禧元年（1205）秋，他为此还专门写有《谕邻人》组诗三首，"邻曲有米当共春，

---

① 《诗稿》卷四七《新凉书怀》（第三首），嘉泰元年秋，第 6 册，第 2848 页。
② 《诗稿》卷四五《雨晴风日绝佳徙倚门外》（第二首），嘉泰元年春，第 5 册，第 2785 页。
③ 《诗稿》卷三七《书喜》，庆元四年夏，第 5 册，第 2383 页。
④ 陈淳：《北溪先生大全集》四三《上赵寺丞论淫祀》，《宋集珍本丛刊》第 70 册，线装书局，2004，影印明钞本，第 252～254 页。
⑤ 《诗稿》卷七八《晚秋出门戏咏》（第二首），嘉定元年秋，第 8 册，第 4254 页。
⑥ 《诗稿》卷七〇《闻里中有斗者作此示之》，开禧三年春，第 7 册，第 3911 页。

何至一旦不相容"，"忿争得直义愈非，不如一醉怀牒归"，①
恳切之意，溢于言表。

　　总之，以上的信息仍嫌零散，近乎白描，据此抽象归纳可
以进一步展开分析的要点，并不容易。今后可能还得在南宋浙
东地区经济地理、文化传统以及一些国家制度特征等方面，多
作努力，才有可能拼凑出更为完整的"乡村"形象来。

---

① 　《诗稿》卷六二《谕邻人》，第 7 册，第 3567～3568 页。

第三章
农业经济：稻未分秧麦已秋

稻未分秧麦已秋，豚蹄不用祝瓯窭。老翁七十犹强健，没膝春泥夜叱牛。（《初夏》）

一　农耕产业

陆游乡村世界的基础是以稻作为核心的农耕经济（见图版2）。

山会平原自然条件比较适合种植水稻，经过数千年的开发，这里的水稻产业已经相当成熟。所以时人自诩："扬州之种宜稻兮，越土最其所宜。"① 它的表现之一是培育出了许多不同的优质水稻品种，以适应不同的土壤条件与不同的生长期，以期在特定的自然条件之下取得最佳的经济效益。

根据南宋《嘉泰会稽志》的记载，山阴、会稽两县"产稻之美者"总共有五十六个品种，相当繁多。② 这些品种的大

---

① 孙因：《越问·越酿》，张淏《宝庆会稽续志》卷八引录，《宋元方志丛刊》第7册，影印嘉庆十三年（1808）刻本，第7189页。
② 施宿等：《嘉泰会稽志》卷一七《草部》，第7024～7025页。

体分类，可以有早稻、晚稻与糯稻，等。这方面，我们还可以参考其邻州明州（今浙江宁波）的一则记载："明之谷有早禾，有中禾，有晚禾。早禾以立秋成，中禾以处暑成，中最富，早次之，晚禾以八月成，视早益罕矣。"① 明州与山会同属宁绍平原，自然地理条件相同，农作物品种与生产习俗也基本一致。

据此，宁绍平原的"早禾"，也就是《嘉泰会稽志》所说的"其早熟者"，一般在立秋（公历 8 月上旬）前后成熟，但种植不多。现代农学一般称这种成熟较早的为早籼稻。南宋山会地区早籼稻有早白稻、乌黏、早白、宣州早、早占城等多个品种。陆游诗中所说的白稻，"白稻登场喜食新，太仓月廪厌陈陈"，② "白稻雨中熟，黄鸦桑下鸣"，③ 看来就是早白稻，或者乌黏、早白之类的品种。早籼稻在立秋前后成熟，其下秧可能得比一般早稻略提前。当然，据地方志所记载，有些早籼稻生长期特别短，如早占城，"一名六十日"，下秧也不必提前了。陆游有诗"六十日白最先熟，食新且领晨炊香"，④ 所记应该就是这一品种。

所谓"中禾"，其他文献中也有称之为中稻的，其实也是早稻之属，现代农学称其为晚籼稻，一般四月下种，在处暑（公历 8 月下旬）前后成熟，在各类水稻中种植量最大，所以

① 罗濬等：《宝庆四明志》卷四《叙产》，《宋元方志丛刊》第 5 册，影印咸丰四年（1854）《宋元四明六志》本，第 5040 页。
② 《诗稿》卷六二《村饮》，开禧元年秋，第 7 册，第 3562 页。
③ 《诗稿》卷五八《卜居三山已四十年矣暇日有感聊赋五字》，嘉泰四年夏，第 6 册，第 3349 页。
④ 《诗稿》卷三九《喜雨》，庆元五年夏，第 5 册，第 2519 页。

说"最富"。陆游有不少诗写到了四月插秧的劳动场景，指的就是晚籼稻。比较典型的如作于绍熙五年（1194）的《夏四月渴雨恐害布种代乡邻作插秧歌》，清晰记述了晚籼稻的浸种插秧时间，"浸种二月初，插秧四月中，小舟载秧把，往来疾于鸿"。① 嘉泰四年的《大雨》诗，则强调晚籼稻插秧之际农民祈盼天降时雨，以助农功，"今年景气佳，有祷神必答，时时虽闵雨，顾盼即沾洽。绵地千里间，四月秧尽插。……"② 出知严州（今浙江梅城镇）时，他还写到了晚籼稻成长时期当地的习俗，"幼妇髻鬟簪早稻，近村坊店卖新醅"。③ 到五月末六月初，雨水充沛，满野绿禾，村姑们将早稻禾叶像野花一样别在自己的发髻之上，一股以稻作为生活中心的乡野风味扑面而来。山会地区或者也与此相近吧。等到晚籼稻成熟时，暑气未退，"城市方炎热，村墟乃尔凉。拂窗桐叶下，绕舍稻花香"。④ 又《秋词》诗："东吴七月暑未艾，川云忽兴天昼晦。……早禾玉粒自天泻，村北村南喧地碓。" 记述的就是晚籼稻成熟、收获的场景。《嘉泰会稽志》所记在"其早熟者"之后的"其次"就是指晚籼稻，提到的有近三十个品种。其中白婢暴、红婢暴、八十日等三个品种，地方志明载"亦占城之属，秋初乃熟，其收晚于早占城"。陆游诗称"二月鸣搏黍，三月号布谷"，⑤ 就是指农历三月是山会平原全年农忙季

---

① 《诗稿》卷二九《夏四月渴雨恐害布种代乡邻作插秧歌》，绍熙五年夏，第 4 册，第 2012 页。
② 《诗稿》卷五八《大雨》，嘉泰四年夏，第 6 册，第 3347 页。
③ 《诗稿》卷二〇《梅雨初晴迓客东郊》，淳熙十五年夏，严州，第 3 册，第 1530～1531 页。
④ 《诗稿》卷二二《六七月之交山中凉甚》，绍熙二年夏，第 4 册，第 1675 页。
⑤ 《诗稿》卷五五《农家歌》，嘉泰三年秋，第 6 册，第 3217 页。

节之始，大量种植晚早稻就在此时。此外也有几个品种"七月始种，得霜即熟"，如寒占城，见霜稻、狗蜱稻、九里香等，成熟时间与晚稻差不多，生长期却比较短。等到收获进仓，家家尝新，总要到农历八月末了，所以说"塘南塘北九千顷，八月村村稻饭香"（见图版3）。①

"晚禾"也就是晚稻，一般被称为粳米、晚米，种植量比晚籼稻要少一些。晚稻也有不少品种，如紫珠、便粮、穤散、乌黏等，大致在五月麦收后下秧。陆游《过邻家》诗，"吴蚕初上簇，陂稻亦已种。端五数日间，更约同解粽"，② 所记正是在端午节前后，春蚕上簇，晚稻下秧。其成熟要到中秋节前后了。差不多与陆游同时代的王十朋（1112～1171），有一次在中秋节前一日坐船路过山阴，看到田野间晚稻成熟，忽动乡思之情，吟诗一首赠送友人，有"山阴晚稻熟万顷，黄云平凭湖属远"之句。③ 晚稻的收获还得再等上十来天，即农历八月下旬，其时蟹肥膏黄，山会农村"村村作蟹椴，处处起鱼梁"。④ 因为已到霜降季节，陆游有许多描写，如"上客已随新雁到，晚禾犹待薄霜收"，⑤ 不仅天已降霜，从北方南下的大雁也已如期回归。又如"风林脱叶山容瘦，霜稻登场野色宽"，⑥ "断彴苔生人唤渡，孤村霜近稻登场"，⑦ 类似诗句不

---

① 《诗稿》卷四五《稻饭》。
② 《诗稿》卷五一《过邻家》，嘉泰二年夏，山阴，第6册，第3040～3041页。
③ 王十朋：《梅溪集》，重刊委员会编《王十朋全集》卷四《前中秋一日舟过山阴，晚稻方熟，忽动乡思，呈先之》，上海古籍出版社，1998，第61页。
④ 《诗稿》卷六五《稽山行》，开禧元年冬，第7册，第3660页。
⑤ 《诗稿》卷二五《秋日郊居》（第七首），绍熙三年秋，第4册，第1783页。
⑥ 《诗稿》卷二三《秋思》（第五首），绍熙二年秋，第4册，第1691～1692页。
⑦ 《诗稿》卷二〇《自桑渎泛舟归三山》，淳熙十五年，第3册，第1551页。

少。他还常常在诗中强调，当地霜降以后所收获的晚稻颗粒色泽微红，所谓"新蔬经雨绿，晚稻得霜红"，[①] "红颗带芒收晚稻，绿苞和叶摘新橙"，[②] 这大概指的是紫珠一类的稻品种吧。晚秋九月，晚稻收获，一年的稻作生产也就完成了。"鞭地如镜筑我场，破砻玉粒输官仓。九月野空天欲霜，瓵中初喜新粳香。"[③]

宋孝宗乾道三年（1167）八月，时任绍兴府知府的洪适（1117～1184）在向朝廷汇报灾情时提到："绍兴八县田亩，除早稻中稻丰熟外，晚稻居十分之四，今来所损约已一半……"[④] 据此可知，当时山会地区籼稻与粳稻的种植比例大约在六比四之间。他将"早稻"与"中稻"合并统计，也可见在时人看来，这两者属于同一品类，其中收获期尤早的早籼稻所占比例是多少，洪适未予交代。由于籼米黏性小，食用口感较差，而且"早米不堪久贮"，不易保存，但煮食时吸水性强，膨胀程度较大，出饭率相对高，所以下层民众多食籼米，粳米则供富人消费。官府征收税米与和籴（指令性购买）也只收粳米，"受纳秋苗及和籴米斛并要一色晚米"。[⑤] 因此江西吉州（今江西吉安）人文天祥（1236～1283）就说："吾州从来以早稻充民食，以晚稻充官租。"[⑥] 山会地区应该与之相同，

① 《诗稿》卷三三《贫乐》，庆元元年秋，第4册，第2183页。
② 《诗稿》卷一三《霜天晚兴》，淳熙八年九月，第3册，第1060～1061页。
③ 《诗稿》卷一六《农家秋晚戏咏》，淳熙十一年秋，第3册，第1287页。
④ 洪适：《盘洲文集》四六《奏水潦札子》（八月二十八日），《宋集珍本丛刊》第45册，线装书局，2004，影印傅增湘校清光绪刻本，第318页。
⑤ 李纲：《李纲全集》卷一○六《申省乞施行籴纳晚米状》，王瑞明点校，岳麓书社，2004，中册，第1006页。
⑥ 文天祥：《文山集》卷五《与知吉州江提举万顷（号古崖）》（第二首），江西人民出版社，1987，第184页。

陆游就有"东吴贵粳稻,布种当及晨"的诗句。[1]

除了籼稻与粳稻,山会地区还大量种植糯稻。糯米除食用之外,主要用于酿酒。自古以来,越人善酿,酒业兴盛,人称"固越俗之所怡"。[2] 南宋绍兴为近畿地区,酿酒所消耗的糯米数量就更大了。《嘉泰会稽志》中提到的糯米品种有长黏糯、师姑糯、黄籼糯、高脚糯、海漂来糯、仙公糯、红黏糯、晚糯等,多达十六种。南宋山会地区糯稻种植在所有稻作中占多大比例,历史文献中没有留下相关信息,不容易估计。当时官府主要以税米折纳的形式征收糯米,税米每一石一斗一升折交糯米一石,嘉泰年间(1201～1204),绍兴府每年征收 19600 余石,合计相当于 21800 余石税米,约占 250265 余石税米总额的 8.7%,数量不小。所以官府还设有专门收纳、储藏糯米的场与仓。这个征收比例,也许可以使我们对糯稻的种植比例略做想象。

山会地区所有五十六个水稻品种,当然不可能都是出自本地培育,多数还应该是从外地引进的,我们从某些品种的名称上就可以略知一二。例如"宣州早"应该从宣州(今属安徽宣城)引入,还有海漂来糯,无疑是经由海上交流而来。这些众多的品种再经过改良,以适应于本地的气候与土壤,并与其他作物形成多样的复种关系。例如中稻冷水乌,地方志注文称"山乡地寒处所宜种也",可知是一个适宜在山间梯田种植的品种。此外还有旱糯,估计也是供山地种植的。

---

① 《诗稿》卷七○《闵雨》,开禧三年春,第 7 册,第 3908 页。
② 孙因:《越问·越酿》。

这其中最重要的无疑是从占城（今越南中南部）传入的早稻品种占城稻，其特点是耐旱、早熟。占城稻传入我国比较早，北宋真宗大中祥符五年（1012），宋政府将其从福建推广于江淮、两浙等地区。学术界对于占城稻的历史影响，意见有分歧。不过，比较明确的是，其一，宋代早稻多数都是在原有的品种基础上发展起来的，与当时引进的占城稻关系不大。[①]山会地区也一样。宋代存在再生、间作和连作三种形式的双季稻，真正在同一块田里面收获早稻后再种晚稻的前后连作非常少，基本都在岭南。《嘉泰会稽志》明确记载有一个水稻品种魏撩，"刈稻之后余茬再熟"，就是稻子收割后的余茬再次抽芽成熟的再生稻，但并未见有可以连作的水稻品种。陆游诗句"徐徐云开见杲日，晚禾吹花早禾实"，[②]描写早稻与晚稻同时生长的情形，这当然不可能长在同一块田里了。其二，到南宋，占城稻已经在山会地区培育发展出几个不同的亚种，例如白婢暴、红婢暴与八十日等，注文明言："三者亦占城之属，秋初乃熟，其收晚于早占城。"此外有早占城，"土人皆谓之金成，不知何义也"。据学者研究，认为广东潮州别称"金城"，金城稻是北宋时经潮州农民培育改良后的占城稻，"金成"就是"金城"。[③]金成稻从潮州传入山会地区，的确符合占城稻传播的历史路径。其三，也正如学者所指出的，当时各地存在明显的泛化、夸大占城稻影响的情况，将一些本土培育

---

① 曾雄生：《试论占城稻对中国古代稻作之影响》，《自然科学史研究》1991 年第 1 期，第 61～69 页；《宋代的双季稻》，《自然科学史研究》2002 年第 3 期，第 255～268 页。

② 《诗稿》卷三九《望霁》，庆元五年夏，第 5 册，第 2506 页。

③ 参见黄桂《潮州金城稻考》，《农业考古》1999 年第 1 期，第 46～51 页。

的早稻讹传为出于占城稻品种系列。① 《嘉泰会稽志》的记载中也有类似现象，"得霜乃熟"的寒占城，成熟期过晚，就令人生疑。甚至还将属于糯米品种的金钗糯解释成"亦占城之属"，当然更不可靠。

仅靠种植水稻，并不能满足本地区人口对粮食的需求，所以还得辅之以其他作物。除麦子之外（详见下文），相对重要的还有穄（稷）、粟、豆等，下面分别做一些介绍。

穄，也就是稷，种植历史悠久，南宋时期，山会地区多在山地种植，总产量不会太大。"以其米颇类粟"，所以当地人称之为"穄粟"。② 穄的生长期相对短，与晚早籼差不多，"八月黍可炊"。③ 陆游在诗文中多称黍，有时也作稷，"穄饭流匙滑，葵羹出釜香"。④ 或者合称黍稷，"舍东土瘦多瓦砾，父子勤劳艺黍稷"。⑤ 与粳米相比，穄更是粗粮，强调"穄饭流匙滑"，或者"黄绨五丈裁衫稳，黑黍三升作饭香"，⑥ 无非是自我排遣。穄富含淀粉，适合酿酒，陆游诗中也有不少描述，"黍醅新压野鸡肥，莎店酤歌送落晖"，⑦ 以及"黍酒浓浮瓮，瓜菹绿映盘"，等，⑧ 诗句很多。用穄酿酒的成本应该比糯米低，酒味也稍淡，所以一般只是社酒村酿用之，官酒务少见以穄为原材料的。

---

① 参见游修龄《占城稻质疑》，《农业考古》1983 年第 1 期，第 25～32 页。
② 施宿等：《嘉泰会稽志》卷一七《草部》，第 7024 页。
③ 《诗稿》卷二三《当食叹》，绍熙二年秋，第 4 册，第 1714 页。
④ 《诗稿》卷六〇《即事》（第二首），嘉泰四年冬，第 7 册，第 3449 页。
⑤ 《诗稿》卷四八《饮牛歌》，嘉泰元年冬，第 6 册，第 2923 页。
⑥ 《诗稿》卷四二《庚申元日口号》（第二首），庆元六年春，第 5 册，第 2633 页。
⑦ 《诗稿》卷二三《杂题》（第四首），绍熙二年冬，第 4 册，第 1720 页。
⑧ 《诗稿》卷三六《村居》，庆元三年夏，第 5 册，第 2329 页。

放翁先生遺像

（成都杜甫草堂，洪文摄）

图版1 刘履中《田畯醉归图》

田畯是先秦时期督民劳作的小官，两宋农村以租佃经营为主，自然不会有
"田畯"。画家无非借此题来展现农事完毕，村民聚饮喜庆的场景。

资料来源：浙江大学中国古代书画研究中心编《宋画全集》第1卷第2册，
浙江大学出版社，2009，第142页，第29图。

图版2 佚名《耕获图》

此图将江南水乡农村稻作生产中属于不同季节的劳动场面，集聚性地描绘到一幅图画之中，应该也反映了山会平原的一般情形。画面右上方茅屋下有一老人，悠然策杖而立。偶尔到田间督促农功的陆游，大概也就是这个样子吧？

资料来源：《宋画全集》第1卷第7册，第37页，第145图。

图版3 马远《踏歌图》

京郊云烟迷漫，秋雨初晴，画面一角可见田里稻作已熟，就等着开镰收割了。画家马远生长于南宋临安，熟悉两浙乡村生活，图中的远山巨石虽然不一定是对山会水乡平原的写实，不过画面所见"丰年人乐业，垄上踏歌行"的情景，却又是那么自然贴切。

资料来源：《宋画全集》第1卷第4册，第160页，第60图。

右北宋王居正纺车图旧为南
宋室相物元赵吴兴购藏见跋记
载录今题跋俱佚吉素邨太宇于
嘉庆丁丑官北部时以旧拓唐楷
碑易之陈玉方侍御重为襄池
道光庚子三月科试东莱籖桎
试院之带经堂为书两自如此永
丰刘绎识

图版4 王居正《纺车图》

陆游《初寒示邻曲》诗:"村北村南数十家,陂池重复谷谽谺。荻丛缺处见渔火,蓬户闭时闻纺车。"此图所绘,可谓这种情景的再现。

资料来源:《宋画全集》第1卷第1册,第108页,第11图。

王居正拙之子也俗以其小字呼為
憨哥學丹青有父風師周昉士女
略得其妙嘗於茷圖寺觀衆游之
處必擁高隊以觀士女格態凡欲
命筆則沈思慮故於形似為得
右聖朝名畫評按王拙河東人也
大中祥符間父子以畫馳名海內
延祐四年七月予客燕都有持此
奉相示者因以五十金購之乃實師
相故物也圖雖尺許而氣韵雄
壯命意高古精采飛動真可謂
神品者矣是歲中秋日松雪道人
趙孟頫識

春風楊柳色麗日何清明田家作
苦餘軋軋緑車鳴母子勤紡績不
羨羅綺榮重雅糚自樂小庵恬不

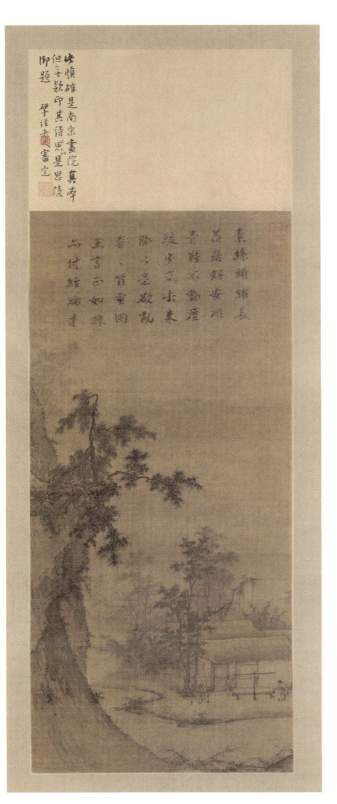

图版5 佚名《丝纶图轴》

南宋中期，棉作尚未普及，纺织品生产以丝麻为主，山会农村也不例外。这幅《丝纶图轴》所见，无疑就是端午前后，"山村处处晴收麦，邻曲家家午晒丝"的场景了。

资料来源：《宋画全集》第1卷第6册，第194页，第111图。

图版6 佚名《渔乐图》

鉴湖水波浩渺，向有渔夫以舟为家，陆游诗句咏吟颇多。
"晴山滴翠水挼蓝，聚散渔舟两复三"，这些渔舟不少就常
停泊在三山别业附近。此图所绘水上渔家的生活情景，应该
与之相去不远。

资料来源：《宋画全集》第1卷第7册，第29页，第139图。

图版7　佚名《柳溪钓艇图》

陆游罢官乡居，常常以渔钓自娱。此图所见草舍寒柳，坡岸垂柳，水天一色，似有若无。渔舟横陈，一翁垂钓，看似绘景，实为寄情。此情此景，使人恍如来到陆游的乡村世界。

资料来源：《宋画全集》第1卷第7册，第7页，第119图。

图版8　李东《雪江卖鱼图》

图中小店背山临江，渔舟如叶，渔夫以蓑衣御寒，他正在
向店家卖鱼？这不禁让人想到陆游的诗句："湖桑埭下渔
舟雨，道树山前野店灯。"

资料来源：《宋画全集》第1卷第5册，第3页，第82图。

图版9 佚名《江亭晚眺图》

江面辽阔，孤舟出没，远处沙碛隐现，堤上丛树繁茂，竹林篱笆，板桥江亭，
一老者独坐远眺，晚霞美景尽收眼底。陆游诗句"枝梧长日过，怅望早秋来。
……惟应水边坐，待得市船回"所咏吟的大概就是这样的场景吧。

资料来源：《宋画全集》第3卷第2册，第227页，第29图。

图版10 李嵩《货郎图》

货郎图为宋代风俗画的常见题材。李嵩为南宋临安人氏，其所描绘的应该与陆游的乡村世界
尤为接近。此图所见，大概就是陆游所言"担头粗妆簇青红"的那一类"市担"了。

资料来源：《宋画全集》第1卷第4册，第114页，第55图。

图版11　佚名（旧传李唐）《春社醉归图》

乡间春社欢庆，村落老者受乡民敬酒后，骑牛醉归。陆游常常醉饮乡市邻里，"阳狂自是英豪事，村市归来醉跨牛"，又何尝不是这样的形象呢？

资料来源：《宋画全集》第8卷第1册，第72页，第8图。

图版12　佚名《卢仝烹茶图》

松竹掩映之下一老屋颓垣，屋内一人坐于床上，屋角烟云初起，有侍童正在烹茶。
画家虽然借用唐人卢仝之名，其所描绘的不正是南宋时期像陆游那样的乡间隐公寄
情于山水，以香茶美酒自娱的场景吗？

资料来源：《宋画全集》第1卷第6册，第104页，第107图。

图版13　何荃《草堂客话图》

草堂数间，屋前松柳掩映，舍后修篁含翠，溪流湍急，山石错落。门前一长者携小童来访，堂上二公对语。此图此景，与陆游在三山别业接待来访客人的意境颇为相合。

资料来源：《宋画全集》第1卷第5册，第23页，第88图。

图版14　佚名《柳堂读书图》

士人退居林下，交游诗酒之余，静读自为主要的生活内容。此图所绘，湖岸风光之中，院中茅屋瓦舍错落，苍松翠柳掩映，室内一儒生专心攻读，室外小童陪侍。据此来想象陆游在三山别业的生活场景，应该是比较贴切的。

资料来源：《宋画全集》第1卷第7册，第54页，第160图。

图版15　佚名《山居说听图》

亭前溪水奔流，屋旁树木繁茂，两人品茗对谈于亭中，一仆举扇侍立于旁。"说听"些什么呢？画家并未点明。或者正是陆游那样的退居士人，在向来客打听友朋信息、朝堂要闻吧？

资料来源：《宋画全集》第1卷第7册，第31页，第140图。

粟就是今人俗称的小米，更是一种历史悠久的粮食作物，古人还常以粟泛指一切粮食，今天已经基本退出江南粮食作物的谱系，南宋时山会地区所植仍不少。地方志所载品种有十五六种，如早粟、晚粟、糯粟、灰粟、羊角粟、百箭粟、丁铃粟等，很是繁多，这也说明粟的种植在当时仍有相当的重要性。不过对于山会居民来讲，粟无疑也是杂粮，所以陆游以"脱粟与大布，衣食裁自支"，① 来表示自己的困苦与洒脱。粟的食用之法，常见制成"浆"，"老便藜粥美，病喜粟浆酸"，② 具体的烧煮方法不太清楚。从陆游诗句中可见，粟也是大多种植于山地，"山陂粟屡收，池水麻可沤"，③ 他有时还直接称之为"畲粟"，"薄饷炊畲粟，珍烹采涧芹"，④ "晨炊畲粟荐园蔬，默计生涯已有余"，⑤ 这自然是平原大多成了水田之故。

豆类也是《嘉泰会稽志》专门记载的作物。作为一个科目，它的品种繁多，记载中就有乌豆、白豆、青豆、褐豆、赤豆、菉豆、赤小豆、白小豆、五月乌豆、豌豆、七日豆等二十多种，它们的植物特征各不相同，屋边地角都可种植，相当普遍，"村南村北纺车鸣，打豆家家趁快晴"。⑥ 豆子既可趁鲜充当蔬菜食用，还是制酱的原料，"折莲酿作醢，采豆治作酱"。⑦ 但是在陆游的记述中，更看重的是它可以充饭，为杂

---

① 《诗稿》卷四一《拟古》（第四首），庆元五年冬，第 5 册，第 2593 页。
② 《诗稿》卷三六《村居》。
③ 《诗稿》卷四七《中夜睡觉……感而有作》，嘉泰元年秋，第 5 册，第 2862 页。
④ 《诗稿》卷二二《娥江市》，绍熙二年春，第 4 册，第 1650 页。
⑤ 《诗稿》卷四九《野兴》，嘉泰元年冬，第 6 册，第 2933 页。
⑥ 《诗稿》卷四一《冬晴与子坦子聿游湖上》（第二首），庆元五年冬，第 5 册，第 2595 页。
⑦ 《诗稿》卷三九《村舍杂书》（第六首），第 2512 页。

粮的一种，"但令有米送官仓，豆饭藜羹甘似蜜"。① "惟有褐裘并豆饭，尚能相伴到期颐。"②

此外值得一提的是芋，主要当作蔬菜食用，《嘉泰会稽志》未予记载。芋的根部球茎富含淀粉及蛋白质，所以与豆有些类似，也是蔬、粮相兼，"芋羹豆饭家家乐，桑眼榆条物物春"，③ 陆游咏吟不少。这可能是因为以芋充饭的大多是穷民下户，所以诗人比较在意，才常常在诗句中念叨吧。"薄饭惟羹芋，闲游不借驴。"④ "朝甑米空烹芋粥，夜缸油尽点松明。"⑤ 芋也有不同的品种，山地种植的是山芋，"齿摇但煮岷山芋，眼涩惟观眉监书"；⑥ 湿地种植的更多。陆游常去闲步的东村，就有成片的芋区："颇欲呼小艇，东村行芋区。"⑦ 后来陆游在自己的菜圃中也专门辟了一块地种植芋头，"南列红薇屏，北界绿芋区"。⑧ 八十四岁那年春节，陆游写有《八十四吟》诗，还自嘲"孰言生计薄，种芋已成区"。⑨

主食、杂粮合计起来，陆游时代山会地区粮食供应的总体情况是怎样的呢？学者们对宋代粮食的平均亩产量有一些估计，有两石、三石等不同的看法。南宋末年，方回估算"吴

---

① 《诗稿》卷三九《望霁》。
② 《诗稿》卷六四《自遣》，开禧元年九月，第 7 册，第 3641 页。
③ 《诗稿》卷八一《肩舆历湖桑堰东，西过陈湾，至陈让堰小市，抵暮乃归》，嘉定二年春，第 8 册，第 4361 页。
④ 《诗稿》卷四七《省事》，嘉泰元年秋，第 6 册，第 2846 页。
⑤ 《诗稿》卷二三《杂题》（第二首），第 1719 页。
⑥ 《诗稿》卷三七《泽居》，庆元四年秋，第 5 册，第 2419 页。
⑦ 《诗稿》卷四○《秋怀十首末章稍自振起亦古义也》（第八首），庆元五年秋，第 5 册，第 2562～2563 页。
⑧ 《诗稿》卷四三《斋中杂兴十首以丈夫贵壮健惨戚非朱颜为韵》（第九首），庆元六年夏，第 5 册，第 2692 页。
⑨ 《诗稿》卷七四《八十四吟》，开禧三年冬，第 8 册，第 4082～4083 页。

侬之野"（今苏南浙北地区）的平均亩产量，"一农可耕今田三十亩，假如亩收米三石，或二石，姑以二石为中，亩以一石还主家、庄斡，量石五以上，且曰纳主三十石，佃户自得三十石……"①认为中等田平均每亩年产脱壳后的米两石，主、佃之间中分，可各得一石。山会平原农业比较发达，与吴侬之野相类似。宋孝宗淳熙十三年（1186）三月，有一位叫作薛纯一的低级官员为了给太上皇帝赵构与孝宗赵昚祝寿，将其拥有的一千一百亩山阴田产捐献给绍兴府大能仁禅寺，田租收入"岁为米千三百石有奇"。②如果按佃、主中分的惯例，则这批田产的每亩年均产量接近米两点四石。

不过这一个案不一定具有普遍性。田地各异，肥瘠不同，再加上杂粮生产的影响，我们今天想要给出大致接近事实的数据，相当困难，不妨再参考一下当时人的一些估计。淳熙八年（1181），朱熹作为提举常平官在浙东路赈灾时，曾经估算绍兴府除余姚、上虞之外六县的田地约200万亩，以每亩年产米两石计，丰收年份粮食不过400余万石。③绍兴府每年征取的赋税，杂细不计，其中大项有两税秋苗、湖田、职田米等合计近34万石，身丁、免役、折帛、经总制、商税等钱75万余贯，绅、绢、绫等11万余匹。④由于南宋州县赋税本额大多上供，地方财政开支基本通过征收众多的附加税来充应，其总额恐怕也不会比上供财赋为少，也就是绍兴地方每年征取官赋

---

① 方回：《续古今考》卷一八《附论班固计井田百亩岁入岁出》（之五），《景印文渊阁四库全书》第 853 册，第 368 页上。
② 《文集校注》卷一八《能仁寺舍田记》，第 2 册，第 244 页。
③ 朱熹：《晦庵先生朱文公文集》卷一六《奏救荒事宜状》，第 763 页。
④ 据施宿等《嘉泰会稽志》卷五《赋税》统计，第 6788～6799 页。

的总额，估计接近上述数额的两倍。这些官赋主体也不外是通过农田所产而来，山阴、会稽两县是绍兴一地的经济中心，官赋尤重。所以朱熹还估计绍兴府除余姚、上虞之外六县在上交官府的赋税之外，每人每天口粮不到两升，很是紧张。前文所述自北宋前期以来鉴湖大半围垦被废，直接原因或者出于豪强贪利，根本上还在于本地区人口持续增长，土地资源日趋紧张，以致出现了明显的人地矛盾。其实不止山阴、会稽两县，绍兴府其他几个县都是如此。例如作为上虞县主要水利灌溉工程的夏盖湖，湖体最大时号称周回一百零五里，到嘉泰年间则"湖尽为田矣"。[①] 有学者强调南宋初年受北方移民的影响，事实上当地人口的自然增长无疑更为重要。这当然是本地区农业经济长期增长所带来的正反两方面的复杂影响所致。

二　蚕麦俱收

在陆游的乡村世界，除了水稻生产之外，最重要的农作物是蚕桑与麦作，相对复杂，有必要单独讨论。

关于粮食作物，除了水稻之外，在陆游的诗句中描绘最多，略可展开讨论的就是麦子了。

在南宋山会地区，麦作对于农村经济已经具有不可或缺的重要意义，农户无不"且祈麦熟得饱餰"，[②]"辛勤蓺宿麦，所

---

① 陈橐：《公私利便稿》，施宿等《嘉泰会稽志》卷一〇《湖·上虞县·夏盖湖》引录，第6892页。
② 《诗稿》卷一《二月二十四日作》，绍兴二十六年春，第1册，第18~19页。

望明年熟"，① 冬天常常祈求天降瑞雪。春天麦作丰收，甚至会造成米价的下降，② 反之，"去秋宿麦不入土，今年米贵如黄金"，③ 农家的日子就难过了，所以麦子种植已经相当普遍。

庆元元年（1195），陆游颂吟三山别业聚落一带的晚春景色："海棠已成雪，桃李不足言。纤纤麦被野。郁郁桑连村。稚蚕细如蚁，杜宇号朝昏。……"④ 诗人从书斋外眺，极目望去，麦作被野。几年后的《肩舆至湖桑埭》诗："麦苗极目无闲土，塘水平堤失旧痕。"⑤ 这是位于鉴湖北岸湖堤的视角所做的观察，极目无闲土，全是麦田。又有："小麦绕村苗郁郁，柔桑满陌椹累累。"⑥ 视线回到三山别业，小村四周为麦田所围绕，使人想见其盛。有时诗人的描绘比较空灵，如"男耕女馌常满野，宿麦覆块皆苍苍"。⑦ "满野""苍苍"，虽然相对抽象，其反映的诗人心目中的意象，则是明确的。此外如"下麦种荞无旷土，压桑接果有新园"，⑧ "水陂漫漫新秧绿，山垄离离大麦黄"，⑨ 与之相同。总之，根据这些信息分析起来，对于当时浙东山会地区的农村经济来说，麦子不是可有可无的配角，而是已经跻身于主要的农作物了。所以农户经常将

---

① 《诗稿》卷四四《十月二十八日夜风雨大作》，庆元六年冬，第5册，第2735页。

② 《诗稿》卷三二《麦熟市米价减邻里病者亦皆愈欣然有赋》，庆元元年夏，第4册，第2162页。

③ 《诗稿》卷三一《首春连阴》，庆元元年春，第4册，第2117页。

④ 《诗稿》卷三二《春晚书斋壁》，庆元元年春，第4册，第2129~2130页。

⑤ 《诗稿》卷七五《肩舆至湖桑埭》。

⑥ 《诗稿》卷八二《闲咏》（第二首），嘉定二年春，第8册，第4396页。

⑦ 《诗稿》卷六九《初冬步至东村》，开禧二年冬，第7册，第3840页。

⑧ 《诗稿》卷六四《初冬绝句》（第二首），开禧元年九月，第7册，第3638页。

⑨ 《诗稿》卷三二《三月十一日郊行》，庆元元年春，第4册，第2142页。

春麦与蚕桑经济对等起来，合称"蚕麦"，甚至将它与某种自然现象——杜鹃鸟的鸣叫时间联系在一起，将后者视为一种物候，"乡中以杜宇早鸣为蚕麦不登之候"。这当然只是一种超自然的信仰，并不一定灵验。陆游就有诗句记载："去年杜宇号阡陌，家家聚首忧蚕麦。岂惟比屋衣食忧，县家亦负催科责。今年略不闻杜宇，蚕收麦熟人歌舞。岂惟糯新汤饼宽，邻里相约先输官。"① 当然，由于山会地区的地理特征，麦子的这种重要地位是否在整个江南地区具有普遍性，仍需要进一步观察。

据《嘉泰会稽志》所载，南宋山会地区麦子的品种有大麦、小麦与荞麦。大麦谷蛋白含量低，弹性不足，是一种粗纤维食物，口感粗糙，一般不磨粉制作面食，而是直接碾碎煮麦饭吃。它一般越冬种植，次年立夏（公历 5 月初）前成熟，比小麦为早，"四月筑麦场"，② 指的就是大麦收获。大麦成熟之时，小麦则还在生发，遍野翠绿，因此田野间才有"小麦方秀大麦黄"的景象。③ 同时期的范成大《缲丝行》诗记述苏南地区情形，也说"小麦青青大麦黄，原头日出天色凉"。④此时正当青黄不接，"新谷未登，民屑麦作饭，赖以济饥"，⑤民众煮麦饭吃。地方志所载的大麦品种，还有晚大麦、六棱麦、中早麦、红黏糯麦等，"皆大麦之别"。如晚大麦"穗长

---

① 《诗稿》卷六一《杜宇行》，开禧元年夏，第 7 册，第 3520 页。
② 《诗稿》卷七六《幽居记今昔事十首以诗书从宿好林园无俗情为韵》（第一首），嘉定元年夏，第 8 册，第 4167 页。
③ 《诗稿》卷二二《示儿》，绍熙二年夏，第 4 册，第 1663 页。
④ 范成大：《范石湖集》卷三《缲丝行》，上海古籍出版社，2006，第 30 页。
⑤ 施宿等：《嘉泰会稽志》卷一七《草部》，第 7026 页。

而子多，与小麦齐熟"，生长期比较晚；红黏糯麦则"堪作酒"。

大麦基本种植在高亢山地。前引"山垄离离大麦黄"就是明证。陆游还有另外一些记述，如《初冬》："正看溪碓舂粳滑，又见山坡下麦忙。"① 《致仕后即事》（第三首）："山村处处晴收麦，邻曲家家午晒丝。"② 以及《书逆旅壁》："人沽村市酒，马啮山坡麦。"③ 最具概括性的他是撰于庆元元年（1195）春天的《农家叹》一诗："有山皆种麦，有水皆种秔。"④ 看来大多指的大麦。按秔同粳，指晚稻，陆游将麦子与其相对等，这也从某种角度印证了当地麦作普及的程度。

小麦也是在头年初冬下种，次年小满（公历 5 月下旬）前成熟，比大麦晚大半个月，所以说"五月麦可磨"。⑤ 到那时晚稻已经要插秧了。绍熙四年（1193）五月初一日，陆游吟曰："处处稻分秧，家家麦上场。"⑥ 所记就是小满节气前小麦收获、晚稻插秧的劳动场景。他还有《初夏怀故山》一诗，称"梅雨晴时插秧鼓，苹风生处采菱歌"，⑦ 初夏之际，梅雨放晴，反映的也正是这个时节。小麦也有一些不同的品种，如早白麦、松蒲麦、娜麦等，"皆小麦之别"。⑧ 小麦富含淀粉与蛋白质，食用口感好，一般磨粉制作面食，主要是做面、

---

① 《诗稿》卷三八《初冬》，庆元四年冬，第 5 册，第 2429 页。
② 《诗稿》卷三九《致仕后即事》（第三首），庆元五年春，第 5 册，第 2490 页。
③ 《诗稿》卷三一《书逆旅壁》，绍熙五年冬，第 4 册，第 2105 页。
④ 《诗稿》卷三二《农家叹》。
⑤ 《诗稿》卷二三《当食叹》。
⑥ 《诗稿》卷二七《五月一日作》，绍熙四年夏，第 4 册，第 1891 页。
⑦ 《诗稿》卷二《初夏怀故山》，第 1 册，第 190 页。
⑧ 施宿等：《嘉泰会稽志》卷一七《草部》，第 7026 页。

煎饼。

此外还有荞麦，俗称荞子。荞麦富含淀粉，但蛋白质含量较低。因为颗粒较细小，和其他谷类相比，具有容易煮熟、容易消化、容易加工的特点。它的成长期较短，一般两个月多一点，南宋山会地区，"七月种九月熟，然畏霜，得霜辄枯，秋无霜则荞大熟"。如果小麦播种迟一些，则荞麦可以与小麦前后连作。"浙东艺麦晚，有至九月者，故土人亦或刈荞而种麦。"[1] 所以荞麦种植也不少，"下麦种荞无旷土，压桑接果有新园"。[2] 荞麦一般种植于山地，不过平原似乎也有种植，"病去身轻试杖藜，满村荞麦正离离"。当然相比于大麦与小麦，荞麦毕竟还是要少一些。

关于宋代南方的麦子种植，主要是与稻麦复种，即"稻麦二熟"问题联系起来而受到学界的关注，以往的讨论已经相当深入。主要根据梁庚尧、李根蟠等学者的研究，认为到了宋代，特别是南宋，水稻前后连作的复种制虽然还不多见，稻麦复种制却已经有了较大的发展。江南平原在这一进程中始终处于领先地位。当时稻麦复种中与麦作搭配的主要应该是晚稻。[3] 曾雄生则对宋代江南稻麦复种制发展水平的估计持比较谨慎的态度，认为稻麦复种在宋代长江中下游地区虽然存在，但并不普遍。它们在多数情况下还只是异地而植，一般为高田种麦，低田种稻。最初的稻麦复种可能出现在麦田上，这是宋

---

① 施宿等：《嘉泰会稽志》卷一七《草部》，第 7026 页。
② 《诗稿》卷六四《初冬绝句》（第二首）。
③ 参见梁庚尧《南宋的农村经济》；李根蟠《长江下游稻麦复种制的形成和发展——以唐宋时代为中心的讨论》，《历史研究》2002 年第 5 期，第 3～28 页。

代稻作由低田向高田发展的产物。① 尤其是他指出，割麦种稻，在劳动力分配上可能正好前后相衔接，但要将麦地整改为种植水稻的水田，田地的整治并不容易，地力的恢复也需要时间，所以同一块地的稻麦连作有一定困难。本书前文关于山会地区麦作生产的叙述，或许可以在几个侧面对学术界的讨论稍做补充。

首先，在陆游的乡村世界，麦子是仅次于水稻的粮食作物，其种植已经相当普遍。

其次，在那些盛赞麦作遍野的略带夸张的描述之中，诗人的确向我们传递了一个比较清晰的信息，麦子大多数种植于山垄之间。不过，细心体会诗人的咏吟，似乎也透露出某些信息，平原地区并非全无麦子种植。前文说过，陆游三山别业所在的地势，除了波泽之外都是平地，与带有大片坡地的丘陵山地截然有别。所以其别业虽说是在"三山"之间，总体讲属于南傍鉴湖的平原水乡。"纤纤麦被野，郁郁桑连村"，"小麦绕村苗郁郁，柔桑满陌椹累累"等诗句，都是诗人从他在别业居舍的视角所做的观察，围绕村落的那些麦子，应该是种植于平原低地的。至于他从别业出游，沿"湖上路"西行不远，来到同样位于鉴湖北岸的湖桑埭村，"麦苗极目无闲土，塘水平堤失旧痕"，更是明确无疑的水田景观了。估计"绕村"种植于低田的当以小麦为主。至于荞麦，种植也相当普遍，而且似乎不同地貌均有种植。

---

① 参见曾雄生《析宋代"稻麦二熟"说》，《历史研究》2005 年第 1 期，第 86 ~ 106 页。

最后，尽管在同一块田地里稻麦连作的情形还比较少，但从前文的讨论可以归纳出，南宋山会地区土地的复种率不会太低，多数应该是两年三作或者一年之内复种的。各不同作物之间如何配合复种或轮种，历史留给我们的信息相当不充分，"四月筑麦场，五月潴稻陂"，这样的诗句虽然在点明了收麦与种稻在季节上的前后衔接之余，使人无法确定是否是在同一块农田上实行复种，但也提示着麦收之后再播种水稻的复种并非不可能。至于麦子如何与旱稻以及稷（稯）、粟、豆甚至芋等其他作物复种或轮种，也不易厘清。不过，虽然前代已经偶有提及，却是从宋代开始人们普遍以"二麦"来指称越冬的春花作物麦子，陆游也不例外。[1] 所谓"二麦"，明显指同一块农田上的第二茬作物，这无疑表明了由麦作推广发展所带来的复种指数的提高，以及单位面积产量的增长。而且，所谓复种的农作物，应该将所有作物都考虑在内。

这些史实提示我们，学界讨论南宋时期麦作的发展，一向重视西北流寓人口喜面食对麦作的促进作用，所谓"建炎之后，江浙湖湘闽广西北流寓之人遍满，绍兴初麦一斛至万二千钱，农获其利倍于种稻"，以及当时租佃制度中种麦之利独归客户等因素，以致"竞种春稼，极目不减淮北"，[2] 包括官府与士人在某些地区推广麦作的行为，这些对"非常态"社会现象的记述，有时不免比日常潜移默化式的社会演进——因此也常常失载于历史文献——更吸引人们的注意力，从而使我们

---

① 《诗稿》卷一九《屡雪二麦可望喜而作歌》，淳熙十四年冬，严州，第 3 册，第 1516 页。
② 庄绰：《鸡肋编》卷上，中华书局，1983，第 36 页。

将麦作发展更多地归绪于某种特定的外因，却忽略了尤其在江南地区，随着人口密度不断增大，农业生产必须不断提高单位面积粮食产量以应对之，推广麦作以提高复种指数，无论在传统、技术还是效率等各方面，都是最为符合现实需求的一种选择，这应该是麦作推广的核心内因。下文将要讨论的关于山会地区民众对面食的喜好，也证明了这一点。

复种指数的提高，还得有赖于土地肥力的支持。在这方面，当时人的记述相当一致，东南地区的施肥技术无疑是最为发达的。传统农家肥主要有人粪尿、厩肥、堆肥、绿肥、泥肥、草木灰等，时人常常统称为"粪壤"。北宋秦观（1049～1100）说吴越闽蜀地区从下等地变为"以沃衍称"的上等地，就是因为"培粪灌溉之功至也"，[①] 说得还比较笼统。南宋陈傅良（1137～1203）知桂阳军（今湖南桂阳县）时，作劝农文，指出"闽浙之土最是瘠薄，必有锄耙数番，加以粪溉，方为良田"，桂阳军虽然"其土膏腴胜如闽浙"，收获却不及，就是因为"此间不待施粪，锄耙亦希"。[②] 咸淳八年（1272），知江西抚州黄震（1213～1280）在劝农文中也批评当地农夫懒惰，不如"浙间终年备办粪土，春间夏间，常常浇壅"。[③] 可知在时人看来，东南不同区域之间农业生产水平的差异，很大程度上就是反映在"粪壤"之功的勤与不勤上面。程珌

---

① 秦观著，徐培均笺注《淮海集笺注》，上海古籍出版社，1994，上册，第601页。
② 陈傅良：《陈傅良文集》卷四四《桂阳军劝农文》，周梦江点校，浙江大学出版社，1999，第564页。
③ 黄震：《黄震全集》卷七八《咸淳八年春劝农文》，张伟、何忠礼整理，浙江大学出版社，2013，第7册，第2222页。

（1164～1242）称"衢婺之人收蓄粪壤，家家山积，市井之间扫拾无遗，故土膏肥美，稻根耐旱，米粒精壮"，① 浙东的山会地区自然也是这样。陆游在这方面的记述不多，庆元六年（1200）秋冬间，其《读苏叔党汝州北山杂诗次其韵》诗写道："聚壤粪园桑，荷锄耘垄麦。苟失一日勤，农事深可惜。"② 他所说的"聚壤"，就是指江南水乡地区农民"粪壤"之功中最为常见的一种，即以专用工具刮取河底淤泥壅田——捻河泥。

讨论传统的农耕经济，在粮食生产的"耕"之外，还应该关注"织"（见图版4）。在陆游的乡村世界里，棉织尚未兴起，所谓"织"主要是桑麻。当时作为纺织原料的纤维作物最重要的是苎麻，陆游有一些描写麻织生产的诗篇，如记述三山之一石堰山之下的石堰村"村舍艺麻驱鸟雀，牧童随草放牛羊"，③ 又西山民家"平池散雁鹜，绕舍栽桑麻"。④ 苎麻收割后需要浸沤，使之脱胶打出纤维，才可以纺纱织布。所以他描绘自己的晚年生活，"山陂粟屡收，池水麻可沤。邻父相欢娱，席地醉醇酎"。⑤ 他的日常衣着，也有不少是麻织品。"黍酒欢迎客，麻衫旋束绦。"⑥ 那些麻布大都出于自家妇女的

---

① 程珌：《程端明公洺水集》卷二一《壬申富阳劝农》，《宋集珍本丛刊》第71册，线装书局，2004，影印嘉靖刊本，第194页。
② 《诗稿》卷四四《读苏叔党汝州北山杂诗次其韵》（第八首），庆元六年秋冬间，第5册，第2716页。
③ 《诗稿》卷八一《肩舆至石堰村》，嘉定二年春，第8册，第4364～4365页。
④ 《诗稿》卷七八《闲至西山民家》，嘉定元年秋，第8册，第4259页。
⑤ 《诗稿》卷四七《中夜睡觉……感而有作》，第6册，第2862页。
⑥ 《诗稿》卷七九《梦中江行过乡豪家赋诗二首既觉犹历历能记也》，嘉定元年冬，第8册，第4291页。

纺织之工，"鸣机织苎葛，暑服亦已成"。① 可惜难以展开分析。相比之下，陆游咏吟蚕桑之作更多，略有几个方面可作讨论。

植桑养蚕、缫丝织帛是东越之地的传统，不过至少在北宋之前，这一带丝织品生产的技术水平仍不及黄河流域，及至南宋，才后来居上，赶上全国先进水平。随着人口增长，生产发展以及相伴而来的人地关系紧张，以及土地资源分配失衡，不少农户蚕桑生产的生产资源——桑地，也常有不足，以至除了作为最终产品的丝帛之外，桑叶也逐渐从个体家庭生产整体环节中独立出来，成为可以在市场上交易的商品，从某种角度而言，这无疑是蚕桑业发展到一定水平的指示器。范成大《晒茧》一诗经常为学者们所征引："隔篱处处雪成窝，牢闭柴荆断客过。叶贵蚕饥危欲死，尚能包裹一丝窠。"② 诗句中的"叶"即桑叶，"叶"有价格贵贱波动，正是它作为商品的基本表现。所以作者在诗题之下还附有注文说明："俗传叶贵即蚕熟，今岁正尔。"范成大所描绘的是苏州地区，蚕桑业当时无疑处于全国最先进的水平，实际上相近地区也有类似的情形。刘克庄（1187～1269）《五爱》诗写到福建莆田，也有"姑妇晨妆废，其他务未遑。悉逢桑叶贵，贫共织灯光"之句，③ 又同时期人黄次山记述新喻县（今江西新余），"秧深先

---

① 《诗稿》卷三七《与子虞子坦坐龟堂后东窗偶书》，庆元四年夏，第 5 册，第 2373 页。
② 《范石湖集》卷七《晒茧》，第 86 页。
③ 刘克庄著，辛更儒笺注《刘克庄集笺注》卷二二《诘旦思之，世岂有不押之韵？辄和北山十首》（第六首），中华书局，2011，第 4 册，第 2224 页。

熟稻，叶贵再眠蚕"，① 可知桑叶的商品化现象，在当时南方
各地都已不同程度地出现，山会地区也不遑多让。

陆游致仕还乡后，自称"久忝明恩返故乡，全家衣食出
耕桑"，② 养蚕缫丝，生产绢帛，"卧闻机妇织，感叹夜初
长"，③ 是其家庭经济的一部分。所以他的田产中也辟有桑地，
"五亩山园郁桑柘，数椽茅屋映菰蒋"。④ 又称"种桑吾庐西，
微径出南陌，三月叶暗园，四月甚可摘"。⑤ 不过有时也有桑
叶供应不给之虑，所以要从市场获取。他有《微疾》一诗，
"时时小雨知春近，处处闲身觉日长。林外鼓歌闻赛庙，怀中
茶饼议租桑"。⑥ 此诗作于嘉定二年（1209）冬天，所以说
"时时小雨知春近"，陆游怀中抱着茶壶，与人商议"租桑"。
冬天不是养蚕的季节，他这是在提前为春天的生产活动做准
备。"租桑"具体究竟如何操作，是怎样的一种经济关系，还
不太清楚。对于桑地不足的贫苦下户来讲，需要从市场另外获
取桑叶的情况可能更多。稍早几年，嘉泰四年（1204）春天，
陆游在外出闲游中赠诗山间老叟，就提到此户"妇女忧蚕租
叶去，儿童耘麦荷锄归"。⑦ "租叶"与"租桑"是一个意思，
这位老叟家的妇女则是在春蚕生长期间，担心家里桑叶不够才
外出"租叶"的，不可能临时才去租一块地来种桑树。所以

① 黄彦平:《三余集》卷二《宿新喻县戏为俳体》,《丛书集成续编》第127册,台
　北,新文丰出版公司,1988,影印南城谊秋馆刻本,第676页。
② 《诗稿》卷七八《野意》,嘉定元年秋,第8册,第4234页。
③ 《诗稿》卷二二《六七月之交山中凉甚》。
④ 《诗稿》卷七八《秋日徙倚门外久之》,嘉定元年秋,第8册,第4252页。
⑤ 《诗稿·逸稿续添·种桑》,第8册,第4570页。
⑥ 《诗稿》卷八〇《微疾》,嘉定二年冬,第8册,第4332页。
⑦ 《诗稿》卷五六《山行赠野叟》(第二首),嘉泰四年春,第6册,第3294页。

说不管是"租桑"还是"租叶",都以桑叶作为一种单独的商品化对象是明确的。或者陆游的冬季"租桑"是提前预订,老叟家妇女则是临时购入?总之,"租"的概念出现在桑叶交易领域,可以肯定是来自当时土地经营主流形式对它的辐射影响。

陆游的诗作中还有一些描绘植桑技术方面的内容,例如分植新桑树用母枝压条之法,等到枝条生根,再与母枝分离,然后迁种定植:"下麦种荞无旷土,压桑接果有新园。"又如劙桑,即割破桑树枝皮,以促使它多发新芽:"歌起陂头正插秧,梯斜篱外又劙桑。"① 劙桑有专用的工具,"桥边来淬劙桑斧,池畔行芟缚棕菰"。② 还有蚕种育化之前以食盐浸泡消毒。"园丁上牛米,村婢博蚕盐。"③ 又"年光满眼吾何憾,又近吴蚕浴种时"。④ 不过这些技术大多前代早已发明,南宋时期究竟有哪些进步,还有待于更多资料的发现。

当然,陆游咏吟最多的还是关于蚕桑生产的一些习俗。育蚕最怕发生瘟病,其生产具有很大的不确定性,所以历来形成了不少相关的祈神习俗。"户户祈蚕喧鼓笛,村村乘雨筑陂塘。"⑤"得雨人人喜秧信,祈蚕户户敛神钱。"⑥ 这是当时村落间固定的节俗,还有人专为这些祈神活动书写灵符,"老翁卖

① 《诗稿》卷二四《戏咏村居》。
② 《诗稿》卷二二《村居初夏》(第五首),绍熙二年夏,第 4 册,第 1665 页。
③ 《诗稿》卷四二《村兴》,庆元五年冬,第 5 册,第 2622 页。
④ 《诗稿》卷七四《初春》(第二首)。
⑤ 《诗稿》卷三二《春夏之交风日清美欣然有赋》,庆元元年春,第 4 册,第 2138 页。
⑥ 《诗稿》卷三二《上巳书事》。

卜古城隅，兼写宜蚕保麦符"。① 在集体性祈蚕之外，个体蚕农有时也会举行一些祈祷活动，"邻曲祈蚕候，陂塘浸种时"。② 村姑蚕妇则更会以各种形式祈求神灵保佑蚕事丰收，"青裙溪女结蚕卦，白发庙巫催社钱"。③ 当时还有赛蚕官之俗，其实也是一种祭祀蚕神的仪式。陆游曾有跋文辑录北宋杨朴（921～1003）的《村居感兴》诗，"一壶村酒胶牙酸，十数胡妥彻骨干。随着四婆裙子后，杖头挑去赛蚕官"。④ 陆游自己的《春晚杂兴》诗也有"儿童葺茶舍，妇女赛蚕官"之句，⑤ 可知赛蚕官是由蚕妇们参加的祭祀活动。蚕种孵化季节，村落间家家户户闭门谢客，"蚕家忌客门门闭，茶户供官处处忙"。⑥ 这其实是为了防止生人带来瘟病，影响蚕蚁的生长。

以上这些信息虽然仍嫌泛泛，或许可以使我们对陆游乡村世界里蚕桑生产的发展水平稍做想象（见图版5）。

在此之外，南宋山会地区农耕经济中比较突出的内容，就是渔业与山货了。这在陆游平日生活起居中就可以清晰体现出来。山会平原河网密布，湖泊众多，渔泽之便可以想见，"江上秋风芦荻声，鱼虾日日厌煎烹"。⑦ 又如"浦潋家家钓，村

① 《诗稿》卷三二《初夏》（第十首），庆元元年三月，第4册，第2148页。
② 《诗稿》卷五〇《中春偶书》，嘉泰二年春，第6册，第3003页。
③ 《诗稿》卷四五《雨晴风日绝佳徙倚门外》（第二首），嘉泰元年春，第5册，第2785页。
④ 《文集校注》卷二九《跋杨处士〈村居感兴〉》，第3册，第255页。
⑤ 《诗稿》卷三二《春晚杂兴》（第二首），庆元元年春，第5册，第2131页。
⑥ 《诗稿》卷一七《自上灶过陶山》，淳熙十三年夏，第3册，第1371页。
⑦ 《诗稿》卷八四《病思》（第三首），嘉定二年秋，第8册，第4496页。

墟点点烟"。^① 此外就是山货之利了。重要的其一是茶。陆游自己就有茶园，日过中午，豆饭已熟，于是"呼童拾涧薪，试我家山茶"。^② 自产之外，门外还常有"溪姑负笼卖秋茶"，^③或者邻里、僧人也常有赠茶。这些自产自用，或者仅仅零售于村市的，与专业茶户所产者不同，并未受到官府专卖制度的限制。其二就是各类山货了。"行携驯鹿寄消摇，共饱山蔬与药苗。"^④ 其中最引人注目的当属竹笋。"出山茶笋村墟闹，上市莼鲈七筋新。"^⑤ 又曰："山前虚市初多笋，江外人家不禁烟。"^⑥ 不过比起稻麦桑麻之类，重要性相对低一些，这里不再展开讨论。

三　躬耕百亩

本节分析陆游的田产，用以观察作为一个乡居寓公的范例，其田产的规模及其在前述农耕经济大背景之下的意义。

陆游究竟占有多少田产，在其存世的文字中并未透露准确的信息。嘉泰元年（1201）冬，陆游曾有诗句提到："陆子壮已穷，百计不救口。蜀道如上天，十年厌奔走。还乡困犹昨，负郭无百亩。虽云饥欲死，亦未丧所守。"^⑦ 这大概是因为从这一年起他不再请领半俸，感到生计困顿，因此才有"饥欲

---

① 《诗稿》卷六八《秋怀》（第三首）。
② 《诗稿》卷五〇《斋中杂题》（第四首），嘉泰二年春，第6册，第3006页。
③ 《诗稿》卷八三《秋兴》（第四首），嘉定二年秋，第8册，第4466页。
④ 《诗稿》卷八四《病思》（第四首）。
⑤ 《诗稿》卷五〇《春游》。
⑥ 《诗稿》卷七六《湖上》，嘉定元年春，第8册，第4142页。
⑦ 《诗稿》卷四九《酒熟醉中作短歌》，嘉泰元年冬，第6册，第2935页。

死"之叹。所谓"百亩",不过是当时人们表示田产丰裕的一般性概念。而且所谓"负郭",当指临近城郊的上等农田。陆游就有"安得生世当成周,一家百亩长无愁"之句。① 他也曾对儿子说过:"道在《六经》宁有尽,躬耕百亩可无饥。"② 所以"无百亩",无非是在表示其家产不广之意。而且这里应该是专指负郭膏腴之田。

讨论陆游的田产,有必要首先梳理一下他的家庭规模。陆游娶有一妻一妾。妻子王氏绍兴十七年(1147)与陆游结婚,庆元三年(1197)故世,生有长子子虞、次子子龙、三子子修、四子子坦、五子子约。小妾杨氏为乾道九年(1173)春天陆游四十九岁那年在成都所纳,生六子子布、七子子遹(子聿),还有女儿定娘。儿子中五子子约估计早死,陆游诗文中几无提及,其余六个儿子成年后都娶妻生子,孙辈在陆游诗文中提及的有元礼(子龙之子)、元敏(子遹之子)等七八个,还有曾孙、曾孙女等。如果按每个小家庭五口计,再加上陆游夫妇、奴婢等,最多时估计可达四十口上下,规模自是不小。又按赵宋王朝的法律,父母、祖父母在世不得别籍异财,③ 从陆游诗文也可以看出,至少他在世之时,六个儿子与他夫妻组成一个联合家庭,一直没有分家。所以他的家庭开支

---

① 《诗稿》卷二一《夜闻蟋蟀》,绍熙元年秋,第 3 册,第 1621 页。
② 《诗稿》卷四一《示儿子》,庆元五年秋,第 5 册,第 2581 页。
③ 窦仪:《宋刑统》卷一二《父母在及居丧别籍异财》:"诸祖父母、父母在,而子孙别籍、异财者,徒三年。"(法律出版社,1999,第 216 页)参见李焘《续资治通鉴长编》卷九、开宝元年六月癸丑条记事(中华书局,2004,第 2 册,第 203 页);徐松辑《宋会要辑稿·刑法》二之一至二(第 14 册,第 8211 页);朱熹《朱子语类》卷一○六(中华书局,1994,第 2649~2650 页)等,以见其后续之具体执行情况。

也应该按联合家庭的总人数来估算。

前文曾经讨论，按当时租佃关系中主、佃中分的惯例，百亩之田不过收租米一百石略多，又据南宋末年方回的估算，浙北地区佃户每人大约可耕种 30 亩，纳租之外得米 30 石，"五口之家，人日食一升，一年食十八石"，剩余 12 石，用以应付家庭的其他开支。① 则每口年均需要口粮 3.6 石，合计其他开支则需要 5 石。陆游一家如果按四十口计算，仅口粮就需要 144 石，合计其他开支总计就得 200 来石，百亩之田的收入无论如何是不够全家开支的，更何况方回是按贫苦下户的开支水平做的估算，仕宦之家的开支肯定还要高不少。总之陆游拥有田产应该远超百亩。可惜在"负郭无百亩"这样的自嘲之余，陆游并未提到他自己究竟有多少田产。

至于陆游那些田产所处位置，他在诗句中倒是偶尔透露了一点信息。嘉定二年《病中杂咏十首》（第五首）曾经提到："身是人间一老樵，城南烟水寄迢迢。寻人偶到金家畯，取米时经杜浦桥。"② 这里的杜浦桥今存，位于三山别业之西二里。所谓"取米"，当指到佃农那儿收取租米。由于两宋时期地产实际分布的零碎化，陆游的田产可能分散在几个不同的地方，但从三山经杜浦桥向西，估计是他重要的一处田产。淳熙十二年（1185）冬，陆游曾有《江北庄取米到作饭香甚有感》一诗，其中提到的"江北庄"也应该是他的一处田产，初冬晚稻收获，家人从佃户那里敛租回来，所以才有"新粳炊饭香

---

① 方回：《续古今考》卷一八《附论班固计井田百亩岁入岁出》（之五），《景印文渊阁四库全书》第 853 册，第 368 页上。
② 《诗稿》卷八五《病中杂咏十首》（第五首），嘉定二年冬，第 8 册，第 4536 页。

出甑，风餐涧饮何曾识"之吟。① 这个"江北庄"估计是陆游对自己某处田产的称呼，可惜它的具体位置今天已经不太清楚了。不过由此可见，山会地区习惯称地主田产所在处为"庄"。庆元六年（1200）冬，陆游的《初晴》诗记述了当时主、佃关系中的一个习俗，即由佃户向田主送鸡鱼等物，打点年节，俗称"送羹"："客户饷羹提赤鲤，邻家借碓捣新秔。"他还在诗句中加有附注："庄户以鸡鱼之属来饷，谓之送羹。"② 就是将佃户称为庄户。送羹习俗影响久远，由此我们也可以联想到鲁迅在《我谈"堕民"》一文中描写的绍兴地区"堕民"，在民国之后都坚持要走"主人家"的习俗。③

陆游早年的家产主要来自"先人遗业"，他自称"少不治生事"，④ 中年以后，以俸禄等收入有余，不免买田问舍。除三山别业之外，后来又营建石帆别业，一个重要原因，估计就是在石帆村一带新置了田产。所以后来又添置耕牛，"老子倾囊得万钱，石帆山下买乌犍"。在他的诗句中，常常提到在石帆别业一带采药，"昨暮钓鱼天镜北，今朝采药石帆东"，是否另有山田则未可知。不过拥有一定的水荡田产，可以肯定，所以有"石帆山脚下，菱三亩"之句。⑤ 此外，三山别业虽然在鉴湖北岸，但是陆游在描写渔樵之乐时，似乎更多地与石帆

① 《诗稿》卷一七《江北庄取米到作饭香甚有感》，淳熙十二年冬，第 3 册，第 1340 页。
② 《诗稿》卷四四《初晴》，庆元六年冬，第 5 册，第 2725 ~ 2726 页。
③ 鲁迅：《我谈"堕民"》，《鲁迅全集》第 2 卷，人民文学出版社，1980，第 397 页。
④ 《文集校注》卷二〇《居室记》。
⑤ 陆游著，钱仲联、陈桂生校注《放翁词校注》卷上《感皇恩》。

别业联系在一起，自称"石帆山下一渔翁"，① 直言"石帆山下乐谁如？八尺轻舠万顷湖"，② 可能就是与其水荡田产有关。

陆游经营田产的主要方式，当然与同时代其他人一样，是出租收取租米。他有几首诗写到了遣子前去佃户家收租的情形，例如乾道三年（1167）所作《统分稻晚归》，感叹儿子督租不易："出裹一箪饭，归收百把禾。勤劳解堪忍，余暇更吟哦。"③ 按"统"是陆游长子子虞的小名，"分稻"即收租。庆元五年（1199），山阴地区发生虫灾，秋收之季，他的四子子坦、七子子遹前去向佃农敛租，"鸡初鸣而行，甲夜始归"，陆游又作诗表示慰劳：

> 仲秋谷方登，螟生忽告饥。艰难冀一饱，俯仰事已非。贷粮助耕耘，客主更相依。一旦忽如此，欲语涕屡挥。共敛螟之余，存者牛毛稀。吾儿废书出，辛苦幸庶几。夜半闻具舟，怜汝露湿衣；既夕不能食，念汝戴星归。手持一杯酒，老意不可违。秋瘦酒味薄，食少鸡不肥。颇闻吴中熟，多稼彻王畿；亦欲就饱处，无羽能奋飞？官富哀我民，榜笞方甚威；渠亦岂得已，抚事增歔欷！④

子坦、子遹作为官宦之后，自以读书应举为天命，不可能参加

① 《诗稿》卷六八《舟中记梦》。
② 《诗稿》卷五四《村居》（第四首）。
③ 《诗稿》卷一《统分稻晚归》，乾道三年春，第 1 册，第 111 页。
④ 《诗稿》卷四〇《九月七日子坦子聿俱出敛租谷，鸡初鸣而行，甲夜始归，劳以此诗》，庆元五年秋，第 5 册，第 2564 页。

田间劳作，所以陆游对他们不得不"废书出"，辛苦地前去收取租谷大表歉意。更何况二子夜半具舟出发，戴星而归，"既夕不能食"，可见这份田产距离三山别业不近，的确辛苦。这也反映了两宋时期田权集中而田产分布零散化的趋势，不少田主甚至"别业乎旁州"。① 再说当年曾发生虫灾，陆游的佃农不得不向他贷粮以救急，"贷粮助耕耘，客主更相依"。虫灾之余，年成大受影响，"共敛螟之余，存者牛毛稀"，也会使得二子收租不易。

陆游的田产在出租之余，仍有相当一部分留供自耕，也就是雇人佣耕，需要备置耕牛农具。因此在他的诗作中有不少写到租牛与买牛的事务。早在绍熙五年（1194）秋，陆游就有《雨夕排闷》一诗，写到自己"买牛耕剡曲"，被人笑为"迂疏"。② 又四年后，庆元四年（1198）秋，他又倾囊万钱，替石帆别业购买了耕牛。所以开禧元年（1205），陆游又有"牢豗渐肥堪奉祭，耕牛已买不求租"之句。③ 但是几年后，陆游一家却又需要别租耕牛以供驱使了。如开禧三年（1207）冬，他在《仲冬书事》一诗中就提到："赤脚听蚕勤夜绩，苍头租犊待冬耕。"④ 一年后，更别有"租犊耕莽地，呼船取荻薪"，⑤以及"雪晴农事起，且复议租牛"等句。⑥ 也许是原来家中的耕牛已死，不得不重新租牛耕作了。购置耕牛是一项大开支，

---

① 曹彦约：《昌谷集》卷一八《从兄云梦县尉墓志铭》，《景印文渊阁四库全书》第 1167 册，第 218 页。
② 《诗稿》卷三〇《雨夕排闷》，绍熙五年秋，第 4 册，第 2042 页。
③ 《诗稿》卷六四《刈获后书事》，开禧元年闰八月，第 7 册，第 3623 页。
④ 《诗稿》卷七三《仲冬书事》，开禧三年冬，第 7 册，第 4044 页。
⑤ 《诗稿》卷七八《农家》（第四首），嘉定元年秋，第 8 册，第 4248 页。
⑥ 《诗稿》卷四九《残历》，嘉定元年冬，第 6 册，第 2969 页。

陆游晚年生计相对困难，一时无法重新购买。这也从一个侧面反映了他的家庭经济状况。

也因此，陆游有时还会直接到田头督责雇农的劳动。淳熙八年（1181）九月，陆游到田间"督下麦"，即种麦，作诗以叹自己的辛劳：

> 力作不知劳，归路忽已夜。犬吠闯篱隙，灯光出门罅。岂惟露沾衣，乃有泥没胯。谁怜甫里翁，白首学耕稼。未言得一饱，此段已可画。[1]

将田间督工说成是"白首学耕稼"，无疑反映了陆游作为士大夫阶层成员的立场与情感。至于陆游这些雇农自耕的田产有多少？以及为什么留以自耕，我们已经不得而知了。

陆游对待家里的奴婢雇农看来不错，他称"佣耕食于我，客主同爨炊"。[2] 前文提到的他家中那个"山仆"，本来不识字，因为长期替陆游合药，后来竟然能够书写不少药方了。这自然是陆游教他的。[3]

在传统的农业经济时代，土地是最为重要的生产资料，也是时人家产中最重要的部分，是家庭的经济基础，以至求田问舍差不多成了上层社会的一种本能。到晚年陆游既不断在诗作中哭穷，同时却还念念不忘购置田产。绍熙二年（1191）他的《山园》一诗，就有"买得新园近钓矶，旋营茆栋设柴扉"

---

① 《诗稿》卷一三《督下麦雨中夜归》，淳熙八年九月，第 3 册，第 1072 页。
② 《诗稿》卷四八《弊庐》。
③ 《诗稿》卷八四《卧病杂题》（第四首）。

之句，但不知买到的"新园"在哪里。① 绍熙五年（1194）秋，他在诗中说自己三年前与儿子一起路过"东泾小岭"，看到一个好地方可以营建别墅，可是兜里没钱买不起。三年后又到那个地方，想到此事，不禁心情郁闷，"怅然有感"。② 嘉泰四年（1204）他的《杂书幽居事》诗，又有"身缘作诗瘦，家为买山贫"之句。③ 当然陆游也不仅仅依靠那些田产的收入来支撑家庭经济，具体由下一章来讨论。

① 《诗稿》卷二二《山园》，绍熙二年，第 4 册，第 1644 页。
② 《诗稿》卷三〇《三年前尝与儿辈步过东泾小岭，得胜处可营别墅，贫不能成。偶复至其地，怅然有感》，绍熙五年秋，第 4 册，第 2051 页。
③ 《诗稿》卷六〇《杂书幽居事》（第五首），嘉泰四年冬，第 7 册，第 3462 页。

第四章

饮食生计：从来楚俗惯鱼餐

今朝溪女留鲜鲫，洒扫茅檐旋置樽。养老不须烦祝鲠，从来楚俗惯鱼餐。(《偶得双鲫》)

一　三餐米面

在讨论了南宋山会地区农耕经济以及陆游的田产之后，我们进一步分析他的家庭经济以及相关的一些情况。

首先是关于饮食制度。自古以来，人们基本实行一日三餐制，两宋时期也不例外。人们习惯以"三餐"指日常饮食，北宋文学家王禹偁（954～1001）就有"菜助三餐急，园愁五月枯"的诗句。① 又宋祁（998～1061）的《出野观农》诗："果然庄腹三飧饱，悒悒深耕不顾人。"② 这里"庄腹"当指佃户的日常饮食，也是"三飧饱"。南宋文献中类似的描述更

---

① 王禹偁：《王黄州小畜集》卷九《种菜子雨下》，《宋集珍本丛刊》第 1 册，线装书局，2004，影印宋绍兴刻本，第 588 页。
② 宋祁：《景文集》二四《出野观农》，《景印文渊阁四库全书》第 1088 册，第 201 页。

多，陈淳谈到"全无立锥"的客户，说他们"不能营三餐之饱，有镇日只一饭，或达暮不粒食者"，[1] 无非表明正常情况下客户们理应得到三餐之饱的。不过一般早餐相对简单，如南宋吴曾所说："世俗例以早晨小食为点心，自唐时已有此语。"[2] 山会地区自然也一样。开禧二年（1206），八十二岁的陆游夸耀自己身体尚健，说是"疾行逾百步，健啖每三餐"。[3] 所以他有不少诗作咏及午饭。如淳熙十五年（1188）《云门感旧》"佛几古灯寒焰短，斋厨新粟午炊香"。[4] 庆元四年（1198）《夏日》"米粯解包供午饷，萍齑傍枕析朝酲"。[5] 庆元四年冬，还有两诗干脆以"午饭"为题。[6]

不过有时情况稍见复杂。陆游的诗作中有不少记述"朝晡"用餐的情况。嘉定元年《幽居》，"朝晡两摩腹，未可笑幽居"，[7] 又同年《自贻》诗，"寒暑衣一称，朝晡饭数匙"。[8] 按"朝"指晨饮，"晡"指午后三时至五时，为申时，在日落酉时之前，每天最后的正餐既然安排在傍晚的晡时，两三个小时之前的午时就不太可能还吃午饭。庆元四年（1198）《老境》一诗讲得更清楚："今日霜殊重，衰翁老可怜。朝晡两炊火，覆藉一床毡。"[9] 一日之间仅朝晡起炊火两次，显然是一

① 陈淳：《北溪先生大全集》卷四四《上庄大卿论鬻盐》，第 257 页。
② 吴曾：《能改斋漫录》卷二《点心》，上海古籍出版社，1979，上册，第 34 页。
③ 《诗稿》卷六九《老景》，开禧二年冬，第 7 册，第 3866~3867 页。
④ 《诗稿》卷二〇《云门感旧》，淳熙十五年秋，第 3 册，第 1556 页。
⑤ 《诗稿》卷三七《夏日》（第四首），第 5 册，第 2377 页。
⑥ 《诗稿》卷三八《午饭》。
⑦ 《诗稿》卷七五《幽居》，嘉定元年春，第 7 册，第 4135 页。
⑧ 《诗稿》卷七六《自贻》，嘉定元年春，第 7 册，第 4182 页。
⑨ 《诗稿》卷三八《老境》，庆元四年冬，第 5 册，第 2458 页。

日两餐制了。

统计起来看，陆游这样的诗句一年四季都写过，例如开禧二年（1206）的《秋获后即事》，"老境朝晡数匙饭，腐儒生死一编书"，[①] 明言在秋收之后，不像在早春青黄不接时节，所以两餐制与季节性差异也没什么关系。不过似乎都是在他年届古稀之后，尽管他还常常抱怨自己没有吃饱，"故絮五更偏觉冷，薄糜未午已先饥"。[②] 早餐只喝了点粥，难怪不到中午肚子就饿了。也许，对于陆游来讲，两餐制只不过是因为他年老体虚，减餐养胃，但这样的餐食制度不会只是陆游一家的做法，而应该是受到了某种社会生活习俗的影响。也就是在基本实行一日三餐制的同时，某些人群（例如贫苦下户）在某些时节（例如农闲）也有一日两餐之制。方回以下等佃户为例，描绘当时"人家常食"，说"多止两餐，日午别有点心"，[③] 看来就是陆游所说"朝晡两炊火"的两餐制。因此，方回还认为寺观僧道不必劳作，竟然能够"披剃之余，二粥一饭"，一日三餐，真是"至幸之人"。与陆游同时期的陈造（1133～1203）也曾有诗，说自己"为儒如此尔，粮食第晨晡"，[④] 可见在士大夫看来，朝晡两餐显然是落魄的表现。

那么三餐或者两餐之制下，陆游及其乡邻们的主食一般是怎样安排的呢？

---

① 《诗稿》卷六八《秋获后即事》（第二首），开禧二年秋，第7册，第3823页。
② 《诗稿》卷七八《村舍》（第六首），嘉定元年秋，第8册，第4261页。
③ 方回：《续古今考》卷一八《附论班固计井田百亩岁入岁出》（之三），《景印文渊阁四库全书》第853册，第367页。
④ 陈造：《江湖长翁集》卷一一《次韵杨宰述怀》，《宋集珍本丛刊》第60册，线装书局，2004，影印万历刻本，第440页。

作为乡宦之家，陆游一家基本食用粳米，吟颂所及的诗篇不少。前引《江北庄取米到作饭香甚有感》诗，就有"新粳炊饭香出甑，风餐涧饮何曾识"之句，收租所得，一家人喜尝新粳。嘉定二年（1209），八十五岁的陆游在其《病来》诗中，还再三念叨"一饱吾何欠，香粳荐美蔬"。① 有时病中一日两餐，更是吃的香软的粳米饭，"即今不足何时足？小甑香粳日两炊"。② 当然因家境困难，或者为了尝新，偶尔也会吃一些平常为贫民下户所食用的粗糙籼米饭，"白稻登场喜食新，太仓月廪厌陈陈"。③

与此同时，从前引方回的记述还可以推知，为了节省粮食，至少在农闲季节，村民们正餐喝稀粥的情况应该是比较普遍的。陆游有时也感叹自己生计困难，不得不让家人喝粥，"家能常食粥，口固不言钱"。④ 有一次，八十三岁的陆游出门散步，邻居有人看到他比平时消瘦了不少，感到奇怪，陆游却满肚子委屈，说自己顿顿喝粥，哪能不瘦呢："朝晡恃粥何劳叹，齿脱牙摇已数年。"⑤

面食是山会地区民众仅次于米饭的主食。至少从陆游的咏吟中我们可以看到，随着麦作的推广，面食在浙东地区已经相当普遍，为社会各阶层的人们所接受，并非局限于"西北流寓之人"。这自然是人们主动调整饮食结构以适应麦作推广的结果。至少，南方地区人们的饮食习惯对于麦作推广的不利影

---

① 《诗稿》卷八五《病来》，嘉定二年冬，第 8 册，第 4519 页。
② 《诗稿》卷八四《病思》（第二首），第 4495 页。
③ 《诗稿》卷六二《村炊》。
④ 《诗稿》卷五三《书房杂咏》（第二首），嘉泰三年春，临安，第 6 册，第 3126 页。
⑤ 《诗稿》卷七三《散策门外邻叟怪其瘦》，开禧三年冬，第 7 册，第 4036 页。

响，不如论者所估计的那么明显。

一般讲，山会地区人们制作面食有几种相对固定的做法。小麦主要用以做面，"八月黍可炊，五月麦可磨"。"连云麦熟新食面，小裹荷香初卖鲊。"① 其时已经到了江南梅雨季节，所以才有陆游的《入梅》诗："今年入梅日，云脚垂到地。芬香小麦面，展转北窗睡。"② 而且随着天气转热，新面凉拌也很惬意："试笔书盈纸，烹茶睡解围。新蔬供冷面，熟练制单衣。"③ 当然，除了做面以外，小麦也可以煎饼，"连村麦熟饼饵香，我母九泉那得尝"！④ 或者做糕，"旋压麦糕邀父老，时分菜把饷比邻"。⑤ 相对而言，大麦纤维素含量高，比小麦粗糙，人们大多直接将大麦碾碎煮饭，"屑麦作饭"，所以大麦又俗称饭麦。大麦收获在四月初，陆游《初夏》一诗有曰："翦韭腌荠粟作浆，新炊麦饭满村香。先生醉后骑黄犊，北陌东阡看戏场。"但大麦口感差，多为下层民众所食用，陆游写他的农家邻居，就是"相对篱数掩，各有茆三间。芹羹与麦饭，日不废往还"。⑥ 不过他也常常以吃大麦饭来表示自己的安贫乐道，"安贫炊麦饭，省事嚼茶芽"。⑦ 又有"瓦盆麦饭伴邻翁，黄菌青蔬放箸空"。⑧ 这当然更说明对于作为乡宦的陆游一家而言，大麦饭也是其主食之一，印证了大麦食品在山会

① 《诗稿》卷二二《江村初夏》，绍熙二年夏，第 4 册，第 1666 页。
② 《诗稿》卷六六《入梅》，开禧二年夏，第 7 册，第 3749～3750 页。
③ 《诗稿》卷七一《残春无几述意》，开禧三年春，第 7 册，第 3946 页。
④ 《诗稿·放翁逸稿续添·闻婆饼焦》，第 8 册，第 4570 页。
⑤ 《诗稿》卷三四《排闷》。
⑥ 《诗稿》卷三七《东西家》，庆元四年秋，第 5 册，第 2389 页。
⑦ 《诗稿》卷三四《即事》，庆元二年夏，第 5 册，第 2257 页。
⑧ 《诗稿》卷一三《蔬园杂咏·葱》，淳熙八年十月，第 3 册，第 1090 页。

地区的普遍性。陆游家里也种植荞麦，"租犊耕荞地，呼船取获薪"。① 相对而言，荞麦的面食制作形式似乎更多样化一点，既有荞麦面，更有荞麦糕、荞麦饼等。"荞熟山僧分馎饦，船来溪友饷薪樗"。② 馎饦，就是以荞麦煮菜蔬的汤饼，又称𪍤面。又荞饼："荞饼新油香，黍酒瓮面浓。"③ 类似的描写不少。当时山会农村的这些麦食，不仅仅是农家的日常饮食，更被列入了村市小餐馆的菜单，"夕阳下平野，落叶满荒街。村店卖荞面，人家烧豆秸"。④

尤其是面食还深深地融入节庆习俗之中。据陆游的记载，山会地区民众有在新年佳节吃"年馎饦"，也就是面片汤之俗："乡俗以夜分毕祭享，长幼共饭其余，又岁日必用汤饼，谓之冬馄饨、年馎饦。"⑤ 形成这种节庆习俗的前提，当然是因为面食在当地民众的饮食结构中已经具有一定的历史传统，并且在不同社会阶层的食单中具有相当的普遍性。直到今天，绍兴地区还有"冬至馄饨夏至面"的习俗，而"馎饦"，现在绍兴人俗称"滞夹头"。这大概就是从南宋以来的历史遗传吧。⑥ 总之，我们在这些诗作的描写中非但未看到江南人们传统饮食习惯对面食的排斥，而是相反。

稻、麦之外，则是穄（稷、黍）、粟、豆、芋等杂粮。

---

① 《诗稿》卷七八《农家》（第四首）。
② 《诗稿》卷三三《题庵壁》（第二首），庆元元年冬，第 4 册，第 2203 页。
③ 《诗稿》卷三三《赠湖上父老十八韵》，庆元元年冬，第 4 册，第 2189 页。
④ 《诗稿》卷二八《晚寒自东村步归》，绍熙四年秋，第 4 册，第 1929 页。
⑤ 《诗稿》卷三八《岁首书事》（第二首），庆元五年春，第五册，第 2468 页。
⑥ 参见王致涌《〈剑南诗稿〉中的绍兴风物》，中国陆游研究会、绍兴市陆游研究会编《陆游与南宋社会——纪念陆游诞辰 890 周年国际学术研讨会论文集》，中国社会科学出版社，2017，第 435～447 页，引文见第 446 页。

穄、粟一般直接煮饭，也有熬粥的。"黄绤五丈裁衫稳，黑黍三升作饭香。""枯肠不饱三升稷，皓首犹亲二尺檠。"① 豆的吃法比较多，既可以直接煮熟了充饭，也可以制成豆团来吃。陆游家里也一样，"年迈狐装帽，时新豆捣团"。② "春簌荞供饵，蒸炊豆作团。"③ 不过更多时候是与大米掺在一起煮饭熬粥。"藜羹阙盐酪，豆饭杂沙坋。偶然饿不死，得酒犹痛饮。"④ 又曰"芜蒌豆粥从来事，何恨邮亭坐簀床"。⑤ 每逢水旱灾害，贫民下户就会更多地依赖豆菽等杂粮来度过荒年。"十年水旱食半菽，民伐桑柘卖黄犊。"⑥ 芋头常见的似乎是煮羹充食，"羹芋一杯吾自饱，诸儿强为置盘飧"。⑦ "一箪吾已足，芋豆亦加餐。"⑧ 煮芋羹，或者掺米煮芋粥。大的芋头（芋魁），有时也可以烤食，"莳火煨芋魁，瓦甊炊豆荚"。⑨

米饭之外的这些杂粮当然算不得美味，尤其对于陆游这样的乡宦来讲，只能是勉强充饥的"粝食"，所以他不免经常感叹生不逢时，"陆君拙自谋，七十犹粝食。著书虽如山，身不一钱直"。⑩ 有时心情一好，为了表现自己的豁达，也有"破裘缝更暖，粝食美无余"之类的豪放之句。⑪ 嘉泰三年

① 《诗稿》卷二九《春夜读书》，绍熙五年春，第 4 册，第 1991 页。
② 《诗稿》卷六四《即事》，开禧元年九月，第 7 册，第 3639 页。
③ 《诗稿》卷七三《秋冬之交杂赋》（第五首），开禧三年秋冬间，第 7 册，第 4022 页。
④ 《诗稿》卷四三《对酒》，庆元六年秋，第 5 册，第 2700～2701 页。
⑤ 《诗稿》卷一五《读袁公路传》，淳熙十年八月，第 3 册，第 1174 页。
⑥ 《诗稿》卷三九《喜雨歌》，庆元五年夏，第 5 册，第 2520～2521 页。
⑦ 《诗稿》卷四六《晚兴》，嘉泰元年夏，第 6 册，第 2808 页。
⑧ 《诗稿》卷四六《秋旦》，嘉泰元年秋，第 6 册，第 2841 页。
⑨ 《诗稿》卷七三《梅市暮归》，开禧三年冬，第 7 册，第 4033 页。
⑩ 《诗稿》卷三二《自规》，庆元元年春，第 4 册，第 2137 页。
⑪ 《诗稿》卷三七《病中作》，庆元四年春，第 5 册，第 2367 页。

（1203）他在秘书监任上最后致仕回乡，对于朝政的"风波起平地"心有不满，示诗小儿子子遹，直言"但令粝饭粗撑拄，犹胜朱门常踧踖"，① 就是借甘于粝食来表示自己的高远之志。

主食之外，还有菜蔬肉食值得讨论。

二　肉食菜羹

我国传统农业社会一向以稻麦蔬食为主，南宋山会地区也是如此。陆游三山别业北侧就专门辟有蔬圃，用以供家，有多余的偶尔也出售。有时为了尝新，或者自家蔬圃缺少的，也从村市购买。"邻家人喜添新犊，小市奴归得早蔬。"② 蔬菜品种繁多，三山别业蔬圃所植，陆游提到比较多的有菘、芜菁、葱、豌豆（豌巢）、芋、芥、芹、韭、黄瓜、莴苣等。③ 还有一种蔬菜名叫矮黄，陆游说是"吴中菜名"，就是薹菜。④ 比较有地方特色的，首先是出自会稽山区的竹笋，"笋市连山坞，菱歌起夕阳"。⑤ 其次是产自平原水荡的菰与莼菜。菰就是茭白，山会地区一般都是春栽秋收，所以说"秋菰出水白于玉，寒荠绕墙甘若饴"。⑥ 莼菜又称蓴菜，是多年生水生宿

---

① 《诗稿》卷五七《书怀示子遹》，嘉泰四年三月，第 6 册，第 3319 页。
② 《诗稿》卷三五《幽怀》，庆元二年秋，第 5 册，第 2278 页。
③ 参见《诗稿》卷一三《蔬园杂咏》五首（淳熙八年十月，第 3 册，第 1089 ~ 1090 页）；卷六〇《与儿孙小饮》；卷六一《小园》（开禧元年春，第 6 册，第 3504 页）。
④ 《诗稿》卷四八《自适》，嘉泰元年冬，第 6 册，第 2917 页。
⑤ 《诗稿》卷五三《记梦》，嘉泰三年春，临安，第 6 册，第 3144 页。
⑥ 《诗稿》卷三〇《秋晚》（第三首），绍熙五年秋，第 4 册，第 2049 页。

根草本，乡民浮舟采摘，"轻舟摘蓴菜，小市听莺声"。[1] 蓴菜鲜美滑嫩，富含胶质蛋白，所以又称蓴丝。乾道八年（1172）十一月，在从益昌至剑门道中，陆游撰《思归引》一诗，有"蓴丝老尽归不得，但坐长饥须俸钱"之叹。[2] 不过他并未学晋人张翰，以蓴鲈之思为由，挂冠归乡。此外陆游还喜食野菜，经常提到的一是荠菜，"笋生初入馔，荠老尚登盘"，[3] 另一则是野苋，"菹有秋菰白，羹惟野苋红"。[4]

山会平原河网密布，水产丰富，鱼虾蟹蛤相对便宜，人们不少还自己捕捞，"浦溆家家钓，村墟点点烟"（见图版6）。[5] 所以陆游说"鱼虾虽琐细，亦足赡吾州"。[6] 平时偶得鱼虾，可能是当地贫民下户饮食中主要的动物脂肪来源了。陆游的餐盘中自然少不了鱼虾，或者购自村市，"既畜鸡鹜群，复利鱼蟹贱"，他自己也时常泛舟河港，把钓消遣。"昨日客招东浦钓，今朝僧约北轩棋。"[7] 嘉定元年（1208），他更专门购买了一条钓鱼船，"卖丝籴麦偿逋负，犹有余钱买钓船"。[8] 以至有时"鱼虾日日厌煎烹"了（见图版7）。[9] 所以他似乎并未怎么将鱼虾水产视为佳肴，而对于肉食的有无在兹念兹。

---

① 《诗稿》卷五〇《三月二十二日作》，嘉泰二年春，第6册，第3022页。
② 《诗稿》卷三《思归引》，第1册，第266页。
③ 《诗稿》卷七五《蔬饭》。
④ 《诗稿》卷三〇《园蔬荐村酒戏作》，绍熙五年秋，第4册，第2042页。
⑤ 《诗稿》卷六八《秋怀》（第三首）。
⑥ 《诗稿》卷四四《读苏叔党汝州北山杂诗次其韵》（第五首），庆元六年秋，第5册，第2713页。
⑦ 《诗稿》卷六二《流年》，开禧元年夏，第6册，第3539页。
⑧ 《诗稿》卷七六《初夏杂兴》（第三首），嘉定元年夏，第8册，第4174页。参见同书卷七七《秋思》（第八首）："一亩旋租畦菜地，千钱新买钓鱼船。"嘉定元年秋，第8册，第4213页。
⑨ 《诗稿》卷八四《病思》（第三首）。

陆游在青年与中年时期，诗文中谈论饮食的相对为少，淳熙八年（1181），陆游时年五十七岁，居三山，偶尔无肉，不得不以菜蔬佐酒，放言"丈夫穷达皆常事，富贵何妨食万羊"，①还颇有豪气。进入晚年，尤其自从绍熙元年（1190）被何澹（1146～1219）弹劾，从临安府回家乡投闲以后，他似乎就更在意饮食起居了。同年所作《山居食每不肉戏作》诗，"溪友留鱼不忍烹，直将蔬粝送余生；二升畲粟香炊饭，一把畦菘淡煮羹"，②心境就与此前大不相同。绍熙三年，他在《蔬食戏书》诗中，先是回忆此前在行都的美味佳肴："新津韭黄天下无，色如鹅黄三尺余；东门彘肉更奇绝，肥美不减胡羊酥。贵珍讵敢杂常馔，桂炊薏米圆比珠。"可见在陆游心目中，羊肉猪肉等，才是"贵珍"的肉食。但是"还吴此味那复有，日饭脱粟焚枯鱼"，于是就不得不"膻荤从今一扫除，夜煮白石笺阴符"了。③在他看来，"枯鱼"也就是鱼蛙鳖干之类，实在算不得荤腥。在此之后，他对于不得肉食的抱怨越来越多，庆元四年（1198）秋，又有一诗，标题特别写明《食新有感贫居久蔬食至是方稍得肉》。④第二年，更声称"今年彻底贫，不复具一肉"。⑤那可能是因为到庆元四年年底，他自绍熙元年起已经三次请领的提举建宁府武夷山冲祐观祠禄被停止，一时家庭经济状况比较拮据之故。庆元六年

---

① 《诗稿》卷一三《村居酒熟，偶无肉食，煮菜羹饮酒》，淳熙八年十月，第3册，第1080页。

② 《诗稿》卷二一《山居食每不肉戏作》，绍熙元年秋，第3册，第1619页。

③ 《诗稿》卷二四《蔬食戏书》，绍熙三年春，第4册，第1737～1738页。

④ 《诗稿》卷三七《食新有感。贫居久蔬食，至是方稍得肉》，庆元四年秋，第5册，第2387～2388页。

⑤ 《诗稿》卷二九《蔬食》，绍熙五年春，第4册，第2001～2002页。

（1200），他还在诗作中数起了自己吃不上肉的天数，"忍穷端已惯，蔬食又经旬"。[1] 此后，类似的诗作时常可见。如嘉泰四年（1204）的《锄菜》诗："家贫阙粱肉，身病忌蛙鱼。幸有荒畦在，何妨日荷锄。"[2] 这里不复赘引。各类肉食之中，陆游视为上品、最为馋涎难忍的还是羊肉，所以他说"东门蠡肉更奇绝，肥美不减胡羊酥"。在《菜羹》一诗中，他还自嘲家境日困，"鸡豚下箸不可常，况复妄想太官羊"。[3] 鸡鸭豚羊之外，陆游诗篇中几乎未提到牛肉，这当然是因为牛在当时主要作为耕地的生产工具，一般并不食用。

看起来，能否保证食有肉，"煌煌肉食有高冠，附者如驰顺坂丸"，[4] 不仅仅是传统意义上的士大夫阶层的一个身份标志，也是现实生活中他们在饮食上的一种心理依赖了。

在此之外，陆游诗作中咏吟最多的自然还是美酒，容待下文讨论。

三　安身家业

前文已经指出，陆游维持其一家数十口饮食起居生计开销的经济来源，主要是田产，此外就是官俸收入等，这里综合起来再作一些分析。

大体上看，一方面，陆游承认自己"家本不至甚乏，亦

---

① 《诗稿》卷四三《读书》，庆元六年夏，第 5 册，第 2672 页。
② 《诗稿》卷五九《锄菜》，嘉泰四年冬，第 6 册，第 3428～3429 页。
③ 《诗稿》卷五九《菜羹》，嘉泰四年冬，第 6 册，第 3437～3438 页。
④ 强至：《祠部集》卷六《张君枉道顾予因书短篇以答来贶》，《景印文渊阁四库全书》第 1091 册，第 62 页。

可为中人之产"；另一方面，他又几乎无时不在哭穷，"陆子壮已穷"。乾道八年（1172），陆游上书向丞相虞允文（1110~1174）求官，甚至说"某而不为穷，则是天下无穷人"，① 当时他的生计大概的确十分困难吧。可能正因为这一上书，当年虞允文再镇四川，出任宣抚使，聘任陆游为四川宣抚使司干办公事兼检法官。到了晚年，陆游更称自己"忍穷端已惯"。绍熙五年（1194）冬天，当时他其实还请领着祠禄，又有诗句称自己"三十五年身未死，却为天下最穷人"。② 陆游哭穷的原因，第一，自然是家口众多。陆游常称家有"百口"，"得饱岂复择，百口同饭糗"，③ 这当然只是夸大的约数，实际在最多时可能四十口左右，前面已经讨论。第二，官宦寓公之家必须维持一定的消费水平，后裔更不甘"委其为乡人"，④ 坚持诗书传家，业儒发家，以至陆游对儿子不得不"废书出"去收租大表同情。所以他一再嘱咐儿孙们不可坠了家风，"汝曹切勿坠家风"，⑤ "莫改家传折角巾"。⑥ 陆游写给儿孙们的家训，提到自己的后事，虽然表示"厚葬于存殁无益"，仍对当时社会上层流行所用的日本棺木割舍不下，说"四明、临安倭船到时，用三十千可得一佳棺，念欲办此一事，窘于衣衾，亦未能及，终当具之"。⑦ 以三十贯钱购置棺

① 《文集校注》卷一三《上虞丞相书》，第 2 册，第 85 页。
② 《诗稿》卷三一《望永思陵》，绍熙五年冬，第 4 册，第 2077 页。
③ 《诗稿》卷四七《中夜睡觉……感而有作》。
④ 陈著：《本堂集》卷八〇《答剡教赵实父（文炳）书》，《景印文渊阁四库全书》第 1185 册，第 419 页下。
⑤ 《诗稿》卷四九《示子孙》，嘉泰元年冬，第 6 册，第 2943 页。
⑥ 《诗稿》卷三四《示元用》，庆元二年春，第 5 册，第 2230 页。
⑦ 陆游：《放翁家训》，第 151 页。

木，自是一笔不小的开支。

陆游一家的经济收入主要来自两个方面，一是田产，既有出租以收粮米者，也有一部分留以雇农自耕，总体面积不清，规模不会太小。尤其是他后来置办的石帆别业，看来也是因为在那儿新置了田产之故。另一就是俸禄了。他自绍兴二十八年（1158）三十四岁释褐，"初仕"任宁德县主簿起，直至淳熙十六年（1189）六十五岁时被何澹所劾罢官返回故里，这一期间大体仕多闲少，当然前期官阶不高，俸禄也有限。六十五岁之后直至嘉定三年（1210）八十六岁时去世，闲多仕少，其间长期请领祠禄与半俸。自淳熙十六年被何澹所劾罢官返里以后，次年（绍熙元年，1190）除中奉大夫，提举建宁府武夷山冲祐观，开始请领祠俸，后又四次上奏请再任，"宽恩四赋仙祠禄，每忍惭颜救枵腹"。① 这份祠俸的数额，据他绍熙三年《拜敕口号》一诗提到的，"身居镜湖曲，衔带武夷仙。日绝丝毫事，年请百万钱"。又其自注说："祠俸钱、粟、絮、帛，岁计千缗有畸。"② 则每月有八十余缗，是一笔不小的收入。因此，绍熙五年（1194）他再次请祠，一时朝旨未下，甚至说"食且不继"。③ 嘉泰二年（1202）七十八岁时，他被召赴行都，除秘书监，主修国史。次年正月除宝谟阁待制，五月致仕归里，开始请领宝谟阁待制的半俸。据开禧二年（1206）他的《力耕》一诗所言，"力耕岁有一囷米，残俸月

---

① 《诗稿》卷三八《三山杜门作歌》（第一首），庆元四年冬，第5册，第2455页。
② 《诗稿》卷二六《拜敕口号》（第一首），绍熙三年冬，第4册，第1833页。
③ 《诗稿》卷三○《乞奉祠未报食且不继》，绍熙五年秋，第4册，第2063页。

无三万钱"，① 这里应该仅指俸料钱，再加上粟帛等实物收入，估计这份半俸比此前的祠禄还要丰厚。

"残俸月无三万钱"大致上是怎样的一个收入水平呢？当时官府差雇民匠支付工钱，如开禧年间（1205～1207），湖州差匠造甲，"日支钱米"，② 其中钱"日二百文至一百五六十文"，③ 造甲匠有手艺，工钱略高，但支米多少不明，无法核算总额。又秦九韶《数书九章》所载："问淮郡筑一城……每工日支新会一百文，米二升五合。"④ 这里所列的应用算题，其各项数据应该反映最一般的情况。看起来，筑城民工收入就低了一些，其中所支为新会，与其他的记载比较起来看，秦九韶显然是将它直接等于铜币了。据此，南宋中期民工的差雇工酬大致在每日米二升、钱一百余文上下。这里的米，若按时价大致每石三贯文计之，⑤ 二升约等于 60 文，则南宋政府差雇民工每天所支工钱不过 160 文上下，总之不超过 200 文，每月约在五六贯之间。"月无三万钱"若大体估算为每月 25 贯足，已经是差雇民工月收入四倍多了。再加上粟帛等其他实物，官俸的总收入估计会增加两三倍，达到差雇民工的十余倍。如果根据程民生的讨论，乡村下层民众每天收入不过 100 文，⑥ 则

① 《诗稿》卷六九《力耕》，开禧二年冬，第 7 册，第 3864 页。
② 王炎：《双溪文集》卷一一《上宰执》，《宋集珍本丛刊》第 63 册，线装书局，2004，影印清抄本，第 170 页。
③ 王炎：《双溪文集》卷一六《申宰执乞权住造甲》，第 254 页。
④ 秦九韶：《数书九章》卷七下《计定筑城》，《景印文渊阁四库全书》第 797 册，第 539 页。
⑤ 参见包伟民《再论南宋国家财政的几个问题——答刘光临君》，《台大历史学报》第 46 期（2010 年 12 月），第 177～229 页。
⑥ 程民生：《宋代物价研究》，人民出版社，2008，第 559 页。

两者差距更大。这些祠俸有时会以某种实物折换支付，例如庆元三年（1197）春，陆游《夜赋》一诗自注曰："郡中月设折酒九斗，日恰得三升。"① 就是绍兴府每月以酒折支官员俸禄，难免影响陆游祠俸的实际收入水平，不过这是当时地方官俸支付的普遍情形，其程度不至于太过严重。

除了陆游自己的俸禄收入外，他的几个儿子也先后出仕，到嘉泰四年（1204），夫人王氏所生几个儿子已皆出仕。② 虽然他们的官阶都不高，但俸禄合计起来也不无少补。不过，陆游的家计不算宽裕，倒是事实。嘉泰四年秋天，他说自己生计不足，"家贫不能酿酒"，买的官酒又太酸。③ 开禧元年（1205），他又称"予贫甚，今年遂不能易钟馗"。④ 家计困难得连过年时大门上贴的钟馗画像都没钱更换，就有点夸张了。尤其是嘉定元年（1208）他"忍贫辞半俸"后，⑤ 家计显然更为困难，以至家中有几位奴婢都辞退了，"得米还忧无束薪，今年真欲甑生尘。椎奴跣婢皆辞去，始觉卢仝未苦贫"。⑥ 这一点从他经营圃园的情况即可观知，既为怡情，更补家用。

前文提到，陆游的圃园中，西为药圃，北为蔬圃。蔬圃所种菜蔬主要供家人食用，但食用不尽的偶尔也有出售的情况，"折花持博酒，种菜卖供家"。药圃面积不清，其所植自用的应该只是小部分，大部分或者施舍，或者出售。如果说多余的

---

① 《诗稿》卷三五《夜赋》，庆元三年春，第5册，第2311页。
② 《诗稿》卷六五《村夜》自注："子虡调官行在，子龙阻风西陵，子修在闽，子坦在海昌，予与子布、子遹守舍。"诗作于开禧二年春，第7册，第3693页。
③ 《诗稿》卷五九《枕上》，嘉泰四年秋，第7册，第3416页。
④ 《诗稿》卷六一《自开岁阴雨连日未止》，开禧元年春，第7册，第3481页。
⑤ 《诗稿》卷五一《自述》（第三首），嘉泰二年夏，第6册，第3030页。
⑥ 《诗稿》卷七五《贫病戏书》，嘉定元年春，第8册，第4127页。

菜蔬应该是由奴婢家人等拿到村市出售，卖药的活则主要必须由陆游本人来承担了。

　　传统时期的农村缺医少药，士人常常兼具为邻里提供医药知识的角色。陆游尤擅医术，他也以此为豪。药圃所产，常常四出施舍。"驴肩每带药囊行，村巷欢欣夹道迎。共说向来曾活我，生儿多以陆为名。"① 村民感激陆游施药，医好了他们的病痛，以至生下来的孩子不少取名为"陆"。陆游有时外出施药，还向村民传授药物知识。"村翁不解读《本草》，争就先生辨药苗。"② 有一些村民还直接到陆游的药圃请药，"柴门勿谓常岑寂，时有乡邻请药人"。③ 上门请药，是卖是赠不明，不过从其他诗文的描写中可见，药圃所产者多数还是用来出售的。庆元六年（1200）春，陆游作《题斋壁》诗，就说自己"出郭无十里，结庐才数间……卖药云边市，寻僧雨外山"。④ 嘉定元年（1208），陆游已经是八十四岁的高龄，仍然"小市朝行药，明灯夜读书"，所以他为此诗拟题《坚顽》，表示自己虽老且穷，不坠初志："有饭已多矣，无衣亦晏如。坚顽君勿怪，岂失遂吾初。"⑤ 陆游卖药的地域颇广，"卖药村村市，炊粳处处家"。⑥ 甚至还去邻县，"钓鱼每过桐江宿，卖药新从剡县回"。⑦ 这一次他是去了相邻的嵊县（今绍兴嵊州）。有时

---

① 《诗稿》卷六五《山村经行因施药》（第四首），开禧元年冬，第 7 册，第 3674 页。
② 《诗稿》卷六五《山村经行因施药》（第五首）。
③ 《诗稿》卷三六《七十三吟》，庆元三年夏，第 5 册，第 2330 页。
④ 《诗稿》卷四三《题斋壁》，庆元六年春，第 5 册，第 2665 页。
⑤ 《诗稿》卷七八《坚顽》，嘉定元年秋，第 8 册，第 4256 页。
⑥ 《诗稿》卷八四《舟次浦口》，嘉定二年秋，第 8 册，第 4517 页。
⑦ 《诗稿》卷七四《即事》，开禧三年冬，第 7 册，第 4079 页。

陆游也要发发牢骚，觉得卖药赚不了多少钱，"闭门旋了和诗债，卖药不偿沽酒资"。① 陆游的儿子有时也会代替他外出卖药。开禧三年（1207），陆游送大儿子虡外出任职，还专门写了一首诗给小儿子遹，"稚子与翁俱被裋，大儿出塞习兜鍪。它时别作谋生计，卖药惟当学伯休"，② 就是在对子遹讲，以后如果不能像长兄那样谋得一官半职，不妨另谋生计，可以学他去卖药。

除此之外，出售家里的其他农产品应该也是常有的事。"自断残年莫问天，吾侪何处不随缘。……卖丝籴麦偿逋负，犹有余钱买钓船。"不过相关的信息有限。

总的看来，陆游的"中人之产"比起富豪或者逊色，与一般乡民比较起来，自然是优裕得太多了，不可同日而语。可贵的是，陆游自己对此有相当清醒的认识。庆元元年（1195）初春多雨，"入春十日九日阴，积雪未解雨复霆。……去秋宿麦不入土，今年米贵如黄金。老妪哭子那可听，僵死不覆黔娄衾"，这时绍兴府官员给请领祠俸的陆游送来春酒，使得他心中颇有愧意："州家遣骑馈春酒，欲饮复止吾何心。"③ 这无疑表现了他对下层民众的同情心。

---

① 《诗稿》卷七七《闲思》，嘉定元年夏，第 8 册，第 4193 页。
② 《诗稿》卷七〇《正月十六日送子虡至梅市归舟示子遹》，开禧三年春，第 7 册，第 3890 页。
③ 《诗稿》卷三一《首春连阴》。

第五章

商贸聚集：村店堆盘豆荚肥

老去人间乐事稀，一年容易又春归。市桥压担莼丝
滑，村店堆盘豆荚肥。傍水风林莺语语，满原烟草蝶飞
飞。郊行已觉侵微暑，小立桐阴换夹衣。（《初夏行平水
道中》）

农业经济与市场的关系，是我们观察中国传统乡村的一个
极为重要的视角。两宋时期商品交换规模扩大，学界因此将其
引为核心的讨论议题。无论是存世的历史信息，还是今人的观
察，都提示着我们农村的商品流通必然存在着巨大的区域差
异，南宋山会乡村无疑属于市场发达地区。可惜由于文献不
足，许多现象处于掩映之间。下文借助陆游的观察，揭示其中
一二。

一　米盐之市

我国传统农耕社会的经济结构一向包含相对活跃的小商品
交易活动，尤其从公元五六世纪以来，随着江南地区开发的加

速，乡村市场也日渐繁荣。陆游称它们为"乡市"。他的《晨起》一诗有注文称："乡市小把柴谓之溪柴，盖自若耶来也。"① 所以我们也以"乡市"来泛指当时的乡村市场。这类市场基本上都是在一般乡村聚落中附有市集场所或开设数量不等的店铺来构成，并非单纯的商业性聚落。关于明清及至近代江南地区农村市场的分布、层级、商品、人们的市场行为等内容，学界已经有了相当深入的讨论。② 南宋时期江南农村聚落的密集程度与经济的发展水平自然与之存在不少差距，不过基本格局已定，这就使得我们有理由借用某些关于传统晚期的认识，来佐证对南宋江南农村市场的分析。

出生比陆游略迟数十年的浙西金坛人刘宰（1167～1240），对于他所熟悉的江南农村有这样的描述："今夫十家之聚，必有米盐之市。"③ 所谓米盐之市，是指农户以"米"——最基本农产品的代表物，来交换"盐"——农户自身无法生产的基本生产与生活资料的代表物，这就是一般意义上的村市。在刘宰看来，这样的村市几乎无处不在。

刘宰常年生活所在的宁镇地区与山会地区，地理环境与经济发展水平尤其接近。在陆游的乡村世界里，可以让人们感知到市场是比较密集的。就拿三山别业附近来讲，关于三山别业所在的聚落，未见陆游在诗作中提到其存在村市，不过在它邻近约三里远的东村则有之。他的《晚寒自东村步归》诗就有

---

① 《诗稿》卷二一《晨起》。
② 参见任放《二十世纪明清市镇经济研究》，《历史研究》2001 年第 5 期，第168～182 页等。
③ 刘宰：《漫塘文集》卷二三《丁桥太霄观记》，嘉业堂丛书本，第 17 页 B 面。

"村店卖荞面，人家烧豆萁"之句。所以他自称"家居小市西"。① 陆游好酒，经常酣醉于村店酒坊，"村市夜骑黄犊还，却登小阁倚阑干"，② 看来大多是归自这个东村。有时从"近市"添置食物，"荒园摘葵芥，近市买鸡豚"，大多也应该是去这个村市的。折回来沿着湖堤向西，不远处的柳姑庙虽然还没有形成聚落，但在庙会期间有市集，平日里也有零散的交易摊点，"柳姑庙前鱼作市，道士庄畔菱为租"。③ 过了柳姑庙不远处，就是陆游在诗中经常提到的名为湖桑埭的西村了，虽然有时他也把它称作"小市"，④ 但看来西村市集的规模比东村为大。这当然是西村位于河、湖埭口，交通便利之故。"买鱼论木盎，挑荠满荆篮"，⑤ 乡民率直，买鱼虾荠菜这样的廉价商品，不一定称斤两，而是用容器大致估量一下就成交了。除了一般农产品之外，购买像耕牛、蓑衣这样的重要生产物资，就得去西村而不是东村了。⑥ 从西村更往前是距离三山聚落不过二里远的杜浦桥，也有市集。"寻人偶到金家畯，取米时经杜浦桥。小市孤村鸡喔喔，断山幽谷雨萧萧。"⑦ 不过陆游对它的咏吟描述相对为少，也可能是杜浦桥村市规模比东村还要小的缘故吧。总之在三山别业东、西两侧的步行范围之内，都

---

① 《诗稿》卷四三《幽居初夏》，庆元六年夏，第 5 册，第 2674 页。

② 《诗稿》卷一六《醉中夜自村市归》。

③ 《诗稿》卷一一《思故山》，淳熙六年夏，建安，第 2 册，第 858 页。

④ 《诗稿》卷七五《肩舆至湖桑埭》："篮舆随意出衡门，日已沉山野未昏。小市丛祠湖上路，短垣高柳埭西村。"

⑤ 《诗稿》卷六一《乍晴行西村》，开禧元年春，第 6 册，第 3500 页。

⑥ 《诗稿》卷四八《园中作》（第二首）："新买西村两黄犊，闲招邻曲议春耕。"（嘉泰元年冬，第 6 册，第 2915 页）同书卷四四《西村》："今年四月天初暑，买蓑曾向西村去。"（庆元六年冬，第 5 册，第 2723 页）

⑦ 《诗稿》卷八五《病中杂咏十首》（第五首）。

有村市，这对村民的生活起居是十分方便的（见图版8）。

事实上，陆游游历所至，在诗作中经常提到的那些聚落，差不多都有市集。无论是"陈让堰小市"，还是梅市、柯桥、兰亭、平水等那些规模明显较大的聚落，都是如此。这也是因为他四处外出，一般总是沿着大大小小交通路线行走为多，而乡市总是位于那些交通路线的节点之间。总之，虽然相比于后期肯定存在差距，南宋山会农村市场的分布是比较密集的，可以肯定。

主要根据传统社会晚期的资料，学界以往的研究习惯于将农村市场分成不同的层级。倾向性的看法，是将从农村最基层的村市到府县城邑市场分成三级，府县城邑为中心市场，农村中能够直接与县邑市场相联系的、一定地区内的商业中心为中间市场。到了明清时期，中间市场大多被称为镇。中间市场之下，包括定期集市，以及虽已每日成市，但市场腹地较小，仅供农户交换一般生产生活资料之需的乡村小市场，为基层市场。明清时期，基层市场大多被称为市。① 由于存世资料不足，我们无法详细描绘南宋山会地区农村市场的具体情况。但从各方面信息观察，从基层市场、中间市场，到中心市场这样的层级区分，可能同样是合适的。像东村、"小市孤村鸡喔喔"的杜浦桥之类，无疑属于基层市场，位于交通节点上的梅市、柯桥、平水等市，应该属中间市场。再上一层级，就是作为中心市场的绍兴府城了。

山会平原地貌北部为水乡平原，南部属于会稽山区的丘陵

---

① 参见包伟民主编《江南市镇及其近代命运》第一章第一节"传统江南市镇的基本格局"，知识出版社，1998，第32~45页。

地带。平原聚落沿河网分布，中间市场无不坐落于水路交通的节点之上。丘陵地带的商品流通必须利用从山地流向平原的几条主要溪流水道，中间市场大多也沿此分布。尤其在平原—丘陵交界地带，有几个重要的市场，它们既是山货的集散地，也是外部商品的转销点。

　　陆游诗中经常提到的，有以建有项羽庙而得名的项里市，"烟村人语虚市合"。[①] 市集依庙而立，在山阴县南十里项里溪上，"项里庙前是鱼市"，[②] 鱼当来自溪流，或者与之相连的鉴湖。地方志云项庙"傍有聚落数十户"，[③] 可见规模有限，平时应该只不过是普通村市，等到市集之日，山货汇聚，自然别有一番景象了。据陆游所载，项里是杨梅转输之地。"山前五月杨梅市，溪上千年项羽祠。"[④] 每年农历五月，杨梅上市，"绿阴翳翳连山市，丹实累累照路隅"。这些杨梅主要的远销目的地，就是行都临安府："斜簪宝髻看游舫，细织筠笼入上都。"[⑤] 有在山阴县东的平水市，"镜湖所受三十六源水，平水其一也"，[⑥] 市依溪而立，"在县东二十五里"。[⑦] "市桥压担蓴丝滑，村店堆盘豆荚肥。"[⑧] 虽被陆游称为"小市"，不过"酒旆村场近，罾船浦溆通"，[⑨] 其规模似比项里略大。有在兰亭

---

① 《诗稿》卷五五《项王祠》，嘉泰四年冬，第6册，第3241页。
② 《诗稿》卷七七《舟中醉题》，嘉定元年秋，第8册，第4223页。
③ 施宿等：《嘉泰会稽志》卷六《陵寝·山阴县》，第6806页。
④ 《诗稿》卷四三《项里观杨梅》，庆元六年夏，第5册，第2684页。
⑤ 《诗稿》卷一七，淳熙十二年夏，第3册，第1316页。
⑥ 施宿等：《嘉泰会稽志》卷一〇《水·会稽县》，第6881页。
⑦ 张淏：《宝庆会稽续志》卷三《市·会稽》，《宋元方志丛刊》第7册，第7124页。
⑧ 《诗稿》卷三二《初夏行平水道中》，庆元元年春，第4册，第2141页。
⑨ 《诗稿》卷一五《平水小憩》。

溪边上的兰亭市，其北距府城距离与平水市相当。① 除了相传为东晋书圣王羲之园林所在地，成了文人相聚之所外，它更以会稽山茶的重要集散地而著名，所以陆游说"兰亭之北是茶市"。又说"兰亭步口水如天，茶市纷纷趁雨前"。② 此外，还有因庙成市的禹庙市。嘉泰三年（1203），在临安预修国史的陆游在梦中所忆，就是禹庙山市。"旅梦游何地？分明禹庙傍。不嫌村饷薄，但爱野蔬香。笋市连山坞，菱歌起夕阳。一蓑元所乐，枉道嫩衣裳"。③ 山市亦傍溪而立，所以陆游在早年另一首《记梦》诗中才有"梦泛扁舟禹庙前，中流拂面风泠然"之句。④ 这些山溪都向北汇入鉴湖，因此地方志载禹庙"背湖而南向"。⑤ 野蔬之外，禹庙还有笋市。不过这些都是常见山产，各地都有，"山前虚市初多笋，江外人家不禁烟"。⑥ 估计只不过是禹庙的笋市规模相对较大而已。

以上这些近乎白描式的叙述，可以说明南宋山会农村基本形成了由不同层级市场构成的网络体系，它们担负着农民日常米盐交换以及将大宗农产品转输至外部世界的功能。

二 犬吠船归

如何具体说明南宋山会地区农村市场的发育水平，颇费思

① 施宿等：《嘉泰会稽志》卷一〇《水·山阴县》"兰渚在县西南二十五里"，第6881 页。
② 《诗稿》卷八一《兰亭道上》（第二首），嘉定二年春，第 8 册，第 4391 页。
③ 《诗稿》卷五三《记梦》。
④ 《诗稿》卷五《记梦》，淳熙元年七月，蜀州，第 1 册，第 439 页。
⑤ 施宿等：《嘉泰会稽志》卷六《陵寝·大禹陵》，第 6801 页。
⑥ 《诗稿》卷七六《湖上》。

量，下文试图根据陆游关于"市船"——村民前去市集使用的交通工具的描述，略作分析。

费孝通在他那本经典的《江村经济》一书中，描写二十世纪三十年代太湖东南岸以开弦弓村为代表的经济生活，指出：

> 村庄店铺不能满足农民全部日常的需求。例如村里没有地方卖盐和糖这样的重要物品。这些东西必须由航船去买。航船提供免费的日常服务，从城里购买日常必需品，同时充当村民的销售代理人，从中赚得一些收入。他们在乡村经济中起着重要的作用。这种制度在太湖周围地区非常普遍，它促使附近城镇有了特殊的发展。[①]

也就是说，航船的存在使得村民得以在从基层市场（村市）获得最基本商业服务的同时，方便地与中间市场联系了起来。

根据费孝通的描述，在开弦弓村，共有四条这样的航船，分别驶向固定的市镇。每天早晨，航船沿着河划出村时，农民们便向航船主订货，"请在这个瓶里打20个铜板的油，在那个坛里打30个铜板的酒"。那些要到城里去的人，船经过他们的家门口时便搭上船。航船每天早上约七点出发，十点左右到达市镇，每条船与城里的一些店铺有联系，航船主就向这些店铺购买农民订购的商品。下午二时，航船开始返回，约四五

---

① 费孝通：《江村经济》，《费孝通文集》第 2 卷，群言出版社，1999，第 176 页。参见同书第十四章"贸易"第五、六节。

点钟到达村里。船经过时，村民都在门口等待，接受他们托买的东西。航船主为顾客服务并不从中赚钱，城里的店铺定时送他一些礼物或招待他，数量有限。他们的生计主要依靠同时替村民代为销售农产品来维持。航船主比一般村民有更多的销售经验与经营联系，这也是村民大多需要他们的帮助来销售农产品的重要原因。费孝通特别指出："这是一个存在已久的制度。"①

二十世纪三十年代太湖东南岸农村与市场的联系，当然要比南宋时期山会地区密切许多，不过结构相同，格局未变，这就使得我们可以拿后世所展示的经济结构为线索，来解读前代的历史信息。在陆游的笔下，有不少描写"市船"的诗作，看来它们是山会农村人们对于某种交通工具的专门称呼，略摘引几首如下：

（1）《诗稿》卷三四《幽居初夏》（第三首）："长歌嫋嫋插秧天，小伞翻翻入市船。"（庆元二年夏，第5册，2251页）

（2）《诗稿》卷六七《林间书意》："三三两两市船回，水际柴门尚未开。"（开禧二年夏，第7册，3755页）

（3）《诗稿》卷六八《晨出》："市晚船初发，奴勤地已耕。道边多野菜，小摘助晨烹。"（开禧二年秋，第7册，3824页）

（4）《诗稿》卷六八《秋夕书事》："秋夕初多露，

---

① 费孝通：《江村经济》，《费孝通文集》第2卷，第177页。

渔家半掩扉。鹊飞山月出，犬吠市船归。"（开禧二年秋，第 7 册，3814 页）

（5）《诗稿》卷七一《晚兴》："村市船归闻犬吠，寺楼钟暝送鸦栖。"（开禧三年夏，第 7 册，3941 页）

（6）《诗稿》卷七二《秋近颇有凉意》："平旦面数箸，晡时饭一杯。枝梧长日过，怅望早秋来。团扇寻诗写，缁巾借样裁。惟应水边坐，待得市船回。"（开禧三年秋，第 7 册，3978 页）

（7）《诗稿》卷八三《羸老》："羸老幸未死，敢嗟生理微。牛闲牧童卧，犬吠市船归。"（嘉定二年秋，第 8 册，4459 页）

细品这些诗句所传递的历史信息，可以发现这些"市船"的行踪，无非"出"与"归"而已。"出"与"归"至何处是明确的，即从陆游作为观察者所在的村墟（即三山聚落）而出，前去乡市，又从乡市归于村墟。表达最为清晰的，是前引第六首《秋近颇有凉意》，夏末时节，诗人餐后百般无聊，拿起这个，又放下那个，于是枯坐于宅旁河边，"待得市船归"。他是想从船夫那儿聆听一些市面新闻以排遣烦闷心情（见图版 9）。总之，可以肯定的是这些"市船"两头所连接的，正是乡村的聚落与乡市。这就与费孝通笔下所述的航船颇为相似了。尽管我们无法了解，南宋山会地区农村是否已经形成了如费孝通所述，以航船主作为代理人的购销关系，不过可以肯定的是，以"市船"为媒介，已经形成了某种连接乡间所有聚落的市场体系。而且，这种"市船"所建立起来的村与市之间的联系，看起来是比较活跃的。

至于乡市本身的发展水平，文献中存留的信息更少。或许我们还可以从后世的历史中得到一些启发。笔者多年前讨论民国年间江南地区农村市镇经济发展水平，曾取二十世纪三十年代的浙北嘉兴县与浙东鄞县为典型，提出了两种发展水平有所差异的类型："嘉兴类型"与"鄞县类型"。所谓"嘉兴类型"有这样的一些特征：（1）中间市场人口占农村市镇人口总数的大多数；（2）市镇上的商铺绝大多数每日营业，市镇的城镇化水平或者说"准城镇化"水平很高；（3）市镇上的农业人口相对较少，市镇作为商业区的"中央性"比较明确，尤其是一些商业繁盛的属于中间市场市镇的人口，其城镇性显然已经超过了"乡土性"。而关于"鄞县类型"，则与之有明显的差别：（1）缺乏规模庞大、商业繁盛、居民万人上下的特大市镇，这反映出鄞县农村专业经济发展不及嘉兴地区，因此还未在县区内部形成一定的专业经济中心；（2）中间市场较少，基层市场数量较嘉兴多，分布更广，因此市镇镇区人口占全县人口总数的比例大大低于嘉兴地区；（3）更重要的是，鄞县农村市镇人口结构中农业人口仍占大多数，多数市镇尚未成为农村中较单一的商业中心，而是处在一种农商相兼的水平上，半市半乡，基本为定期集市，也就是如陆游所描写的，在"野市逢虚日"才聚集交易，[1] 而不是像嘉兴类型那样，大多已经发展到日日市的水平了。[2]

---

① 《诗稿》卷五九《江亭》，嘉泰四年秋，第 7 册，第 3425 页。

② 参见包伟民主编《江南市镇及其近代命运》第七章第一节"两种类型"，第 266～277 页。

以此参照，南宋山会地区农村市墟的发展水平，估计仍处于鄞县类型的发展初期，比之二十世纪三十年代鄞县地区有所不及。陆游的诗文以及其他一些材料可以略做印证。

宋末元初嘉兴府海宁县人舒岳祥（1219～1298）晚年教授乡里，曾作《纪梦》一诗，其"序"文中有一段关于梦境中所见村市情景的描写，虽然出于梦境，应该反映了当时江南地区乡市的一般情况："十月十二日五更梦……初见一所似村市，列肆门尽闭，但步栏皆黑油，窗用白纸糊，约度可三四十间，店之东有堂五间，如津亭。"① 列肆三四十间，黑漆步栏（市廊），当属于固定的、每日经营的商铺，而不是像定期集市那样的临时设摊，其规模也许已经超过基层市场，可以视之为中间市场了。山会地区梅市、柯桥之类中间市场的具体情形，或者可以据此略做想象。数量众多、更为广泛存在的那些基层村市，"数家村店簇山旁"，② 估计规模还不及舒岳祥梦境中见到的这个市集。它们大致有如下一些共同的特征。

其一，它们所能提供的商品明显比上一层级市场为少，以致文人士大夫不免时有抱怨，"村店事事无，秋热夜夜至"。③

其二，除了最为常见的米盐之市外，有一些基层村市往往从某些农产品的临时销售点发展而成，相对稳定之后才形成市集。例如陆游所描述的抚州前平小市，"道边小寺名前平，残僧二三屋半倾。……村虚卖茶已成市，林薄打麦惟闻声"。④

---

① 舒岳祥：《阆风集》卷九《纪梦·序》，嘉业堂丛书本，页4B面。
② 林逋：《林和靖诗集》卷二《池阳山店》，浙江古籍出版社，1986，第79页。
③ 杨万里著，辛更儒笺校《杨万里集笺校》卷三二《村店竹床》，中华书局，2007，第1660页。
④ 《诗稿》卷一二《小憩前平院戏书触目》，淳熙七年五月，抚州，第3册，第966页。

这虽然描述的是抚州，山会地区的情形理应相似。有的时候，这种临时的销售点因种种原因更换地点，基层村市也会随之移动，例如陆游诗中提到的"市徙新山步，耕侵古庙塸"的情形。①

其三，基层村市的经营常常受农时影响，丰收以后，村民频繁入市，村市相对繁忙；农忙季节，村民多在田间，入市为少，村市也相对空闲。所以时人有"村店农忙半不开，入城客子去还来"之句。②杨万里描写的为江南西路吉州农村，估计山会地区与之相同。

其四，除了少数中间市场外，占市场大多数的基层村市仍处于定期集市的水平，于是，我们就在陆游的诗句中看到了不少关于乡市之集与散的描述：例如，作于庆元三年（1197）的《晚归舟中作》，"市散人争渡，僧归寺掩门"；③作于开禧元年（1205）的《梅市道中》，"城西小市散，归艇满斜阳"；④以及作于嘉定元年（1208）的《门外独立》，"朝看出市暮看归，数尽行人尚倚扉"；⑤等。尤其是作于开禧元年的《夏秋之交小舟早夜往来湖中绝句》之第四首，"小市易散无人行，茫茫湖桥惟月明"，⑥市集结束后，赴市的村民散去，说明这个村墟小市除了临时摊贩外，更无每日开张经营的商

---

① 《诗稿》卷七三《秋冬之交杂赋》（第四首）。
② 杨万里著，辛更儒笺校《杨万里集笺校》卷四〇《雨中入城送赵吉州器之》（第二首），第2131页。
③ 《诗稿》卷三六《晚归舟中作》，庆元三年夏，第5册，第2333页。
④ 《诗稿》卷六四《梅市道中》，开禧元年九月，第7册，第3632页。
⑤ 《诗稿》卷七六《门外独立》，嘉定元年夏，第8册，第4164页。
⑥ 《诗稿》卷六二《夏秋之交小舟早夜往来湖中绝句》（第四首），开禧元年夏，第6册，第3554页。

铺，以至村墟呈现"无人行"的空旷景象。

事实上，在各个层级的固定市场之外，乡村中也存在不少流动商贩，那就是陆游诗中经常提到的"市担"之类。① 这些流动商贩既活跃于各个定期集市，又在非市集之日走村穿巷，上门兜售。其中不少就是一般村民，外出兜售农产品。他们既有卖溪茶的溪姑、卖红果的山童、卖樵柴的山客、卖冷粉的小担、轻担卖鱼的渔夫，更有"担头粗籹簇青红"的货郎（见图版10）。② 有一次陆游闲步前去东村，有熟悉的乡老不仅置酒相留，并且"舍后携篮挑菜甲，门前唤担买梨头"，③ 招来流动水果贩子，买了梨头热情款待。可见在东村这样的小聚落，水果市担也随时可见。

至于是否存在某种上门收购农产品的专业商贩，诗文中提供的信息不太明确。不过从其他地区类似的例证来推断，他们在山会农村也不应该缺席。陆游的确在诗文中不止一次提到过有"估客"即行商出没于此地。淳熙十二年（1185）冬天某日，陆游从西兴渡口夜归三山，在江埭边茅店小坐，遇一估客，两人相谈甚欢，"偶逢估客问姓字，欢笑便足为交朋。须臾一饱各散去，帆席健快如超腾"。④ 看来这位估客就是来往于山会地区的。庆元四年（1198）秋日某天，陆游描绘江岸

---

① 《诗稿》卷一六《雨中泊舟萧山县驿》："店家菰饭香初熟，市担莼丝滑欲流。"淳熙十一年三月，萧山，第3册，第1264页。
② 参见《诗稿》卷八三《秋兴》、《诗稿》卷六八《出游》（第二首）、《诗稿》卷二七《野意》、《诗稿》卷六六《初夏幽居》、《诗稿》卷六四《晚饭后步至门外并溪而归》、《诗稿》卷三六《九里》。
③ 《诗稿》卷四一《东村》（第二首）。
④ 《诗稿》卷一七《夜归》，淳熙十二年冬，第3册，第1339~1140页。

边景色，"白草江郊暮，青帘野店秋。喧呼估船客，嵬峨饮家流"，[①] 这样的"估船客"，大约也是出没于山会地区各乡市的行商。所以开禧二年（1206）冬日某夜，陆游"忽闻风雨掠窗外"，想起自己游宦生涯，遂不禁有"路过邮亭知几处，身如估客不论年"之叹。[②]

总之，尽管相比于后代仍有所不足，主要以"市船"为媒介，再加上市担、行商等渠道，在陆游的乡村世界里，市场联系已经渗透到了乡村的角角落落，可以肯定，商品交换已经在村民的经济生活中扮演起了重要的角色。

三　交易内容

那么，村民经由那些村市交换的商品究竟有哪些内容呢？

笼统讲来，如前引刘宰所言，乡村米盐之市，村民无非以其所有，易其所无。宋末元初人方回曾依据他在嘉兴府魏塘镇居住期间的观察，有一个经典描述："予见佃户携米，或一斗，或五七三四升，至其肆（按：指王文政家在魏塘镇所设商铺）易香烛纸马油盐酱醯浆粉麸面椒姜药饵之属不一，皆以米准之。"也就是拿米到镇上店铺交换自己不能生产的日用品，市镇商家则"整日得米数十石，每一百石舟运至杭至秀至南浔至姑苏粜钱，复买物货归售"。[③] "皆以米准之"，显然是当时乡市交易的一般情形，山会农村应该与此相近。下文据

---

① 《诗稿》卷三七《江郊》，庆元四年秋，第5册，第2407页。
② 《诗稿》卷六九《夜闻雨声》，开禧二年冬，第7册，第3847页。
③ 方回：《续古今考》卷一八《附论班固计井田百亩岁入岁出》（之五）。

陆游咏吟所及，略作具体讨论，尽管信息相当有限，或者可以展示其中某些复杂面相。

陆游作为官宦之家，相对富裕，其在乡村的居家生活，除了对某些高档商品的需求稍多之外，参与市场交易的基本情况应与其他村民大致无二。这在他的许多诗作中也有所反映。如嘉定二年秋，他在《嘉定己巳立秋得膈上疾，近寒露乃小愈》诗中，即有"清泉白米山家有，盐酪犹从小市求"之句，[①] 相当直观地反映了乡村盐米之市的基本特征。在另一首《扁舟皆到门》诗中，他又写道："樵苏晨入市，盐酪夕还舍。"[②] 这是在吟颂山乡之民以农产品入市，交换盐酪等基本生活用品的情形了。陆游在诗中曾经有两次具体提到了家里购买的商品，一次是庆元四年冬天的《初冬》，自注曰："是日方买油。"那是"剩贮明膏伴夜长"的灯油，一般农户无法自己生产，只能从市场购买。另一次是绍熙四年春天的《寓叹》，自注曰："子坦以新昌木炭二百斤来。"[③] 这大概是在早春吧，春寒料峭，所以诗人还需要用木炭烤火御寒。当然，如果农村地区市场分布欠广，以至出现"市遥盐酪绝难求"的困境，也可以想象。[④]

从理论上讲，举凡农民家庭经济所产、略有盈余甚至无所盈余者，因生活所需，都有可能被他们拿到市场上出售，以换

---

① 《诗稿》卷八四《嘉定己巳立秋得膈上疾，近寒露乃小愈》（第十首），嘉定二年秋，第 8 册，第 4492 页。
② 《诗稿》卷三九《予读元次山……亦以示予幽居邻里》之第四首《扁舟皆到门》，第 5 册，第 2519 页。
③ 《诗稿》卷二六《寓叹》，绍熙四年春，第 4 册，第 1870 页。
④ 《诗稿》卷六一《久雨初霁》，开禧元年春，第 6 册，第 3515 页。

取其必需的生活与生产资料。前引陆游诗句"卖丝粜麦偿逋负",就提到了农家的另一种重要产品:丝帛等纺织品,以及麦产。这些被出售的农产品,大多都会如方回所述,经农村市场的层层转输,"舟运至杭至秀至南浔至姑苏粜钱",最终供应城市市场。

不过也有一些农产品,除了城市近郊所产者外,不便于长途贩运,只能在乡市出售,供当地人消费,例如新鲜时蔬。前引《幽怀》诗所吟"邻家人喜添新犊,小市奴归得早蔬",反映的就是指这种情况。陆游尽管有蔬圃,植蔬供家用,但不可能样样皆种,有一些品种仍不得不求助于市场,例如前文说过的莼菜,就非得在专门的水域采摘,一般家庭不易种植,所以,我们就可以看到陆游常常咏颂"杨梅线紫开园晚,莼菜丝长入市新"等诗句了。[1] 实际上,在他的诗句中咏吟所及的新鲜时蔬还有不少,例如"黄瓜翠苣最相宜,上市登盘四月时"等都是。[2] 或许,花钱尝新,不太可能是普通农户的消费习惯,这正反映了陆游作为官宦之家的特点。

联系到前文讨论的陆游对于肉食的特殊情感,无疑更加反映着寓公之家的消费习惯。所以他才有"郊居去市远,猪羊稀入馔。既畜鸡鹜群,复利鱼蟹贱"之叹。有的时候,家畜鸡鹜不足食用,仍不得不去市场购买。"荒园摘葵芥,近市买鸡豚。"不过,尤其在农村的基层市场,不仅猪羊肉食难得,出售的鸡鸭等家禽也不多,有时为了购置一些相对稀少的商

---

① 《诗稿》卷五八《出近村归偶作》,嘉泰四年秋,第 6 册,第 3366 页。
② 《诗稿》卷二《新蔬》,第 1 册,第 190 页。

品，人们就不得不远行去中间市场，甚至到城市中心市场去。庆元六年（1200）冬《独处》一诗，"一奴入市暮未返，惝惝不闻鸟雀鸣"，[①] 所遣之奴日暮未返，他前去的自然不是邻近的村市，而是某个路途较远的中间市场或者绍兴府城市场了。又，开禧三年（1207），陆游《书村落间事》诗，提到"儿从城中怀肉归，妇涤铛釜供刀匕"，[②] 就相当生动地描绘了家人从城市中心市场买得肉食回，一家人的欢愉心情。

盐酪蔬肉之外，陆游咏吟最多的与乡市有关的商品，就是茶与酒了，其中也透露了一些有意义的信息。

唐宋之间，随着饮茶的普及，煮茶共饮遂成习俗，专门为顾客提供饮茶服务的茶坊茶店——后代一般称之为茶馆——因此兴起，人们将其与酒肆相提并论，这反映了茶坊茶店存在的普遍性。宋代各大城市市场中，茶坊最为集中，南宋行都临安府城中"处处各有茶房酒肆……"有一些茶坊还形成了自己的专有品牌，例如临安城有"蒋检阅茶汤铺"。[③] 农村乡市，也有不少茶坊茶店，"山店煎茶留小语，寺桥看雨待幽期"。[④] 不过由于城市与乡野经济生活的不同，也使得两者的茶坊茶店在功能上有某些差异。近代的历史经验告诉我们，农村地区由于人口居住分散，茶坊茶馆因此在很大程度上扮演了某种公共空间的角色，茶客甚至自带茶具茶叶前去"泡"茶馆。在这种

---

① 《诗稿》卷四五《独处》，庆元六年冬，第 5 册，第 2764 页。
② 《诗稿》卷七〇《书村落间事》。
③ 吴自牧：《梦粱录》卷一三《铺席》，上海师范大学古籍整理研究所编《全宋笔记》第 8 编第 5 册，大象出版社，2017，第 220 页。
④ 《诗稿》卷一《酬妙湛阇梨见赠。妙湛能棋，其师璘公盖尝与先君游云》，绍兴二十七年，第 1 册，第 27 页。

情况下，茶馆提供的商品主要已经不是茶本身，而是店堂空间及其相关服务了。这样的历史演变是从什么时候开始的？南宋时期是否已经略见端倪？陆游的诗作中透露了某些信息。他于嘉定元年（1208）夏天所撰的《书村店壁》诗，其中有"裹茶来就店家煎，手解炉鞍古柳边"之句。[①] 第二年的《陈让堰市中遇……犹恋恋不忍去》诗，也提到"就店煮茶古堰边，偶逢父老便忘年"。[②] 由顾客自己"裹茶"到村店煎煮饮用，尤其如前文所引"怀中茶饼议租桑"，估计是陆游自己带着茶与饼到村店与人商议租桑事宜，这无疑提示着我们，南宋山会地区乡市的茶坊茶店，很有可能已经在一定程度上"公共空间"化了。

酒是我国传统文人重要的生活伴侣，陆游更是自号酒仙，[③] 差不多每日不可无此君，诗作中吟及酒的最多，其中也透露了一些有关乡市的信息。

赵宋王朝实行严厉的榷酒法，即酒品专卖制度。按条法，凡"去东京城二十五里，州二十里，县镇寨十里内"者，为"禁地"，[④] 应由官酒务专营。陆游三山别业聚落所在地区，去绍兴府城不过十里，本来应该是官酒禁地。不过读陆游的诗句，至少就其行踪所及而言，看来则全属"村酒"地域，也就是由民户每年向官府缴纳一定的课利钱与净利钱后，购买乡

---

① 《诗稿》卷七七《书村店壁》，嘉定元年夏，第 8 册，第 4193 页。
② 《诗稿》卷八一《陈让堰市中遇吴氏老，自言七十六岁，与语久之。及归，送余过市，犹恋恋不忍去》，嘉定二年春，第 8 册，第 4362 ~ 4363 页。
③ 《诗稿》卷八《偶过浣花感旧游戏作》："市人不识呼酒仙，异事惊传一城说。"淳熙四年正月，成都，第 2 册，第 627 页。
④ 谢深甫监修《庆元条法事类》卷二八《禁榷门一·酒麹》引"卫禁敕"，戴建国点校，第 395 页。

村地区规定范围内酒的经营权的买扑坊场地界。由此可见，关于榷酒"禁地"范围的令文，在实际落实过程中具有一定的灵活性。

宋朝酒法，允许乡村民户向酒坊购买酒曲酿酒自用，不过至少在陆游的文字中，并未透露有村民们向酒坊购买酒曲的信息。陆游记其族叔、余姚人陆元焘的事迹，说他品性严谨，"好饮酒，然不肯自酿。或馈以家所酝，亦辞不取，曰'法不可也'"。① 由此可知，赵宋国家禁戢私酒曲，法条苛严，有些地方甚至出现"捕酒之暴，甚于劫盗"的现象，② 但是想要真正做到令行禁止并不容易。在阔远的乡村世界，即便在属于近畿、像距离绍兴府十来里远的地方，至少就村民自己酿酒一事而言，已经差不多是天高皇帝远了。

陆游自己家里也酿酒，"浅倾家酿酒，细读手钞书"。③ 所以有时他还"清吟微变旧诗律，细字闲抄新酒方"。④ 邻里间家酿酒熟，相呼欢饮的场景，也常见于陆游诗句的咏吟之中。"家家新酿美，邻里递相邀"。⑤ 又如"水东溪友新酒熟，舍北园公菰菜肥"。⑥ 不过他在诗句中描写最多的，还是在乡村酒坊酒店酤酒饮酒的情景（见图版 11）。这其中的一个重要原因，可能还在于酿酒毕竟需要一定的专业技术，家酿常不如酒

---

① 《文集校注》卷二三《族叔父元焘传》，第 3 册，第 37 页。
② 楼钥：《攻媿集》卷九一《敷文阁学士宣奉大夫致仕赠特进汪公行状》，浙江古籍出版社，2010，第 5 册，第 1611 页。
③ 《诗稿》卷四七《省事》。
④ 《诗稿》卷一三《北窗》，淳熙八年闰三、四月间，第 3 册，第 1037 页。
⑤ 《诗稿》卷四七《秋晚村舍杂咏》（第二首），嘉泰元年秋，第 6 册，第 2886 页。
⑥ 《诗稿》卷三六《病起游近村》，庆元三年秋，第 5 册，第 2336 页。

坊所酿醇美。所以偶尔家酿质佳酒醇，陆游还专门赋诗自夸。[①]

乡村买扑酒坊具体如何分销经营，文献记述近乎阙如。存世地方志对山会农村酒坊买扑制度等内容，也未留下足够的信息。以理揆之，乡村豪富人家买扑（投标）拥有酒品经营权的某个坊场地界，不太可能只限于一村一市，而应该有一定的地域幅度。也就是，它可能包括有一个或几个中间市场，以及一定数量的基层市场。所以，坊场重要的大酒坊应该就处于中间市场，基层市场的村市则属于它的分销点。陆游的诗句中，似乎对这两类酒坊有所区分，如撰于开禧二年（1206）的《秋兴》一诗，有"村酒甜酸市酒浑，犹胜终日对空樽"等句，[②] 以"村酒"对应于"市酒"，不过尚嫌不够清晰。仔细品味起来，陆游笔下的村酒，以下几个方面是相对明确的。

其一，尽管每当时佳年丰、心情愉快之际，对于村酒，陆游也不乏赞美之词，如"村坊多美酒，烂醉答年光"，[③] 或者"丰年处处村酒好，莫教湘湖莼菜老"等，[④] 但总起来看，村酒的质量是较差的，他常常"闲驾柴车无远近，旋沽村酒半甜酸"。[⑤] 或者"不嫌村酒恶，也复醉如泥"。[⑥] 所以才有"野花红碧自争春，村酒酸甜也醉人"之吟。[⑦] 村店的陈设当然也不得不是简陋的。据南宋洪迈（1123～1202）所说："今都城

---

① 参见《诗稿》卷七四《家酿颇劲戏作》，开禧三年冬，第 8 册，第 4061 页。
② 《诗稿》卷六八《秋兴》（第二首），开禧二年秋，第 7 册，第 3810 页。
③ 《诗稿》卷八一《出游》（第二首），嘉定二年春，第 8 册，第 4383 页。
④ 《诗稿》卷一七《雨中排闷》，淳熙十二年秋，第 3 册，第 1326 页。
⑤ 《诗稿》卷六八《自述》，开禧二年秋，第 7 册，第 3810 页。
⑥ 《诗稿》卷六九《舟中》，开禧二年冬，第 7 册，第 3853 页。
⑦ 《诗稿》卷七六《杂题》（第三首），嘉定元年春，第 8 册，第 4148 页。

第五章　商贸聚集：村店堆盘豆荚肥　*139*

与郡县酒务及凡鬻酒之肆皆揭大帘于外，以青白布数幅为之。微者随其高卑小大，村店或挂瓶瓢标帚竿。"① 不过在陆游的笔下，村市酒坊一般倒还是揭有酒旗的，"樵担行歌冲暝色，酒旗遮路卖新筹"。② 相对而言，中间市场大酒坊的酒无疑更醇醇一些，"腊肉芬香坊酒酽，因来聊得饷春耕"。③ 又如"小江蒲饼美，梅市将酒酽"。④ 前文已述，梅市村是位于绍兴城西、浙东运河要道之侧的重要中间市场。

其二，各村市酒坊一般似乎并不是从大酒坊批发分销，而是各自酿酒销售的。所以陆游才有"市垆处处夸新酿，且就花阴一醉眠"之吟，⑤ 或者"陂湖菱芡熟，小市新酒美"等诗句。⑥ 这些"新酿"或者"新酒"，看来都是村坊自己酿造，所以才常常自夸，以招徕顾客。在这样的体制之下，买扑者如何处理不同层级酒坊之间的经营关系就值得关注。

其三，相比于官酒务定价的规范与刻板，由买扑者经营的村坊之酒，随行就市，显然要灵活得多。所以陆游虽然偶叹"村场酒贵赊不得，且解布囊寻弊袍"，⑦ 也常喜"时平道路铃声少，岁乐坊场酒价低"，⑧ 以及"时平酒价贱如水，病起老身闲似云"。⑨ 顾客所感知的酒价之贵贱，既有出于经济状况

---

① 洪迈：《容斋续笔》卷一六《酒肆旗望》，中华书局，2005，上册，第417页。
② 《诗稿》卷四八《行饭至湖桑堰东小市》，嘉泰元年秋，第5册，第2912页。
③ 《诗稿》卷五〇《西村劳农》，嘉泰二年春，第6册，第3020页。
④ 《诗稿》卷五三《思归示子聿》，嘉泰三年春，第6册，第3122页。
⑤ 《诗稿》卷八一《湖上》，嘉定二年春，第8册，第4384页。
⑥ 《诗稿》卷六三《秋雨》，开禧元年秋，第6册，第3570页。
⑦ 《诗稿》卷五七《雨中短歌》，嘉泰四年，第6册，第3342页。
⑧ 《诗稿》卷八四《梅市》，嘉定二年秋，第8册，第4512页。
⑨ 《诗稿》卷四四《戏题酒家壁》（第三首），庆元六年冬，第5册，第2735页。

乃至心情等因素的主观感受，更有因年节、行市等因素导致价格实际升降的客观原因。

　　其四，村坊酤酒，又常常能够反映乡市交易的一些习俗，这里主要指赊账习惯。陆游为乡间名人，更是村坊的大主顾，大多赊账酤酒，店家乐意接受，他自己也以此为荣，常常自诩"旗亭人熟容赊酒，野寺僧闲得对棋"，[①] 又夸耀"赊酒家家许，看花处处留"。[②] 村坊酤酒，当然不一定他自己前去，所以有"南村闻酒熟，试遣小僮赊"之句。[③] 诗人有时候哭穷，说自己"赊酒每惭添旧券，读书何计策新功"，[④] 又感叹"半俸渐偿赊酒券，故衫已换钓鱼蓑"，[⑤] 更多也只是半真半假的卖弄。赊卖赊买为乡村社会商品交易的习惯，并非陆游这样的官宦寓公之特权，一般村民也时常以此交易。所以陆游于开禧元年（1205）秋所撰《渔父》诗，就以"敲门赊酒常酣醉，举网无鱼亦浩歌"之句，称赞渔父困厄而不颓废的豪放性格。[⑥] 酒品之外，许多商品也不妨以赊账的形式来交易。陆游诗句"未遂初心惟一事，乞薪赊米恼吾邻"中提到的，其所赊买的就不是酒而是食米了。[⑦] 当然，赊账是一种信用交易，一旦某种因素可能会影响这种信用关系的稳定维系，例如赊卖

---

① 《诗稿》卷二三《暮秋书事》，绍熙二年秋，第 4 册，第 1707 页。
② 《诗稿》卷三〇《步至湖上寓小舟还舍》（第三首），绍熙五年秋，第 4 册，第 2036 页。
③ 《诗稿》卷三五《舍北摇落景物殊佳偶作》（第二首），庆元二年冬，第 5 册，第 2284 页。
④ 《诗稿》卷三一《冬夜戏书》（第三首），绍熙五年冬，第 4 册，第 2086 页。
⑤ 《诗稿》卷七二《野寺》，开禧三年秋，第 7 册，第 3979 页。
⑥ 《诗稿》卷六三《渔父》（第二首），开禧元年秋，第 6 册，第 3576 页。
⑦ 《诗稿》卷六五《春日杂赋》（第三首），开禧二年春，第 7 册，第 3703 页。

者怀疑赊买者是否具有日后还账的经济能力，就会出现前引诗句所述"村场酒贵赊不得，且解布囊寻弊袍"的困境。诗人年衰自吟，意气消沉，感叹"发无可白方为老，酒不能赊始觉贫"，[①] 也就更可以理解了。

　　总之，可能由于我们观察思路的原因，在陆游的乡村世界里，市场风貌已经呈现出与帝制晚期相当的共性。易言之，帝制晚期乡村市场的雏形，可能早在南宋时期已经开始形成。前贤所论近代中国"为宋人之所造就，什八九可断言也"，[②] 于此或者可见一端。

---

　　① 《诗稿》卷三六《七十三吟》。
　　② 严复著，王栻主编《严复集》第 3 册《书信·与熊纯如书》（第 52 封），中华书局，1986，第 668 页。

第六章
乡居生活：垫巾风度人争看

　　小雨空蒙物象奇，偶扶藤杖过东陂。垫巾风度人争看，蜡屐年光我自悲。穷鬼有灵挥不去，死魔多力到无期。归来笑向应门说，且了浮生一首诗。(《雨中过东村》)

　　最后，让我们来讨论一下陆游在乡村世界中的社会角色问题。

一　四方书问

　　嘉泰二年（1202）夏天，七十八岁的陆游撰《自述》诗三首，感怀生平。① 当时，陆游应该还没有接到宋廷让他回临安府任秘书监的任命。从诗句看陆游的精神世界，他一方面再三强调乡居的乐趣，村酒野行，家人亲情。"客约溪亭饮，僧招竹院棋。未为全省事，终胜宦游时"（第二首）。另一方面，对于自己的壮怀激烈、功业无成，始终无法释怀。"吾年虽日

---

　　① 《诗稿》卷五一《自述》。

逝，犹冀有新功"（第一首）。这就使得他尤其在意自己的衰老与贫困。其实，这样的感怀差不多成了他晚年创作最重要的主题，在许多诗篇中反复絮叨。我们或许可以说，强调乡居乐趣更多出于自我排遣，对功业无成的难以释怀才是他思绪的主流。所以，在《自述》诗的第三首中，他更点明了自己乡居生活的另一个重要侧面——寂寞（见图版12）：

> 屏迹归休后，颐生寂寞中。忍贫辞半俸，学古得全功。西埭村醪酽，东陂小彴通。经行有佳趣，稚子也能同。

陆游感到寂寞是完全可以理解的。这首先是因为他离开了作为政治与文化中心的城市，交游困难，信息缺少，不免有被冷落、被遗弃之感。

自魏晋时期以来，越来越多的士大夫转向城居。学者早有研究，六朝时期城市和农村处于分化与对立状态，士族虽然在任官时期会在城市居住，但其根据地则在农村。韩昇认为，魏晋南北朝士族政治的坚强有力，根源于士族在乡村拥有巨大的社会势力及文化优势。北魏政权安定之后，已经出现不少华北士族逐渐与政府合作，任官内外而向城市迁移的倾向，但人数有限。唐代的情况发生了很大的转变。随着中央政权的强化，士族纷纷出仕为官，城市经济的发展与生活条件日趋良好，尤其是科举制度的推进，士族出现了持续迁居城市的趋势。不仅那些天下名门迁徙以两京为中心的大城市，地方领袖的世家大族也向两京以外的区域中心城市迁徙。安史之乱后，更多的士族迁居南方城市。其结果是随着士族由农村到城市的政治性迁徙渐次向文化性、经济性和生活性迁徙的扩展，他们在农村的根据地——并随之士族政治——最终瓦解。及至两宋，文人士大夫阶层城居就更为普遍了。如洪迈所说："士大夫发迹垄亩，贵为公卿，谓父祖旧庐为不可居，而更新其宅者多矣，复以医药弗便，饮膳难得，自村疃而迁于邑，自邑而迁于郡者，亦多矣。"① 梁庚尧曾经梳理宋代文献中所见很多世代城居的官户与士人的记载，他们有些在城中已经有好几个世代，甚至数百年，形成家族。这些城居者，有的可能就是隋唐时期以来城居士族的后裔了。此外，他还列举了不少宋代士人出于文化因素而迁居城市的事例，回应了韩昇的分析。②

山阴陆氏无疑是当时士大夫"自村疃而迁于邑，自邑而迁于郡者"现象的一个注脚。自从五代迁徙山阴以后，陆氏家族一直聚居于城西鲁墟村，所以陆游说"予先世本鲁墟农家"。北宋前期高祖陆轸考中进士"发家"后，陆氏也就逐渐迁居郡城。邹志方曾经引用陆氏宗谱资料，说明陆佃任尚书左丞后，朝廷赐第郡城斜桥坊（后改名中正坊），那就是陆游少时曾经住过的绍兴城中"故庐"。③ 后来族人四散，其中不少

① 洪迈：《容斋随笔·续笔》卷一六《思颍诗》，孔凡礼点校，中华书局，2005，上册，第 415 页。
② 参见谷川道雄《中国中世社会与共同体》第四编第二章"六朝时代城市与农村的对立关系"，马彪译，中华书局，2002，第 286～330 页；韩昇《南北朝隋唐士族向城市的迁徙与社会变迁》，载《历史研究》2003 年第 4 期，第 49～69 页；梁庚尧《南宋官户与士人的城居》，载氏著《宋代社会经济史论集》下册，允晨文化实业股份有限公司，1997，第 165～218 页。
③ 《文集校注》卷二七《跋〈朝制要览〉》："先君会稽公晚岁观此书……统得此书于故庐。"第 3 册，第 175 页。

当即迁居城市，以至竟无一人留在鲁墟。早年也有友人"屡劝居城中"，[1] 但最终陆游还是卜居于郊乡三山，这可能既出于其个人志趣，更有在经济上城居不易的原因。

对于作为士大夫的陆游而言，乡居之不利首先就是僻远、闭塞。正如陆游在给曾幾次子曾逮的书信中称自己"村居，凡百迟钝"；"顾以野处穷僻，距京国不三驿，邈如万里"。[2] 实际上三山聚落位于官道之侧，距离府城不过十里，可当日从容往还，到行都临安府也仅百里，"不三驿"，乘舟而行，一日可达，还算不上真正的远乡僻野，不过远离中心的疏远感却是切实存在而无法摆脱的。

于是，陆游只好尽可能通过各种途径保持与城市，进而与士大夫群体，再进而与朝廷的联系。

学界对两宋时期信息的流通，已经有了不少深入的讨论。就陆游而言，他获得外部世界信息的第一个渠道应该与其他乡民无异，既来自民间传闻，也来自官方的榜布。嘉泰元年（1201）冬，陆游作《兀兀》诗，有"兀兀孤村客，悠悠两世人。……故里簪缨换，都门巷陌新"之句。作为孤村客而能获知"都门巷陌新"的消息，如其在诗句附注中所说，是因为他"闻临安火后，兴葺渐举"。[3] 这里所指应该是当年三月临安府大火事件。那是临安众多火灾中相当严重的一次，除民居外，还延

---

① 《诗稿》卷一《曾原伯屡劝居城中，而仆方欲自梅山入云门，今日病酒，偶得长句奉寄》，隆兴元年，第1册，第63页。

② 《文集校注·逸著辑存·与曾逮书》（第二封），第4册，第296、297页。

③ 《诗稿》卷四九《兀兀》，嘉泰元年冬，第6册，第2968页。参见佚名编《续编两朝纲目备要》卷六"嘉泰元年三月戊寅"日记事，中华书局，1995，第109页。

烧到了御史台、司农寺、皇城司诸物库等重要的官衙官库，受灾军民达五万二千多家，十八万六千多口，被大火烧死的有姓名者五十九人。后来宋廷也推出了一些赈灾措施。这样大灾的消息，不可能不传到近畿山会地区。此外例如建筑材料等的灾后物资供应造成的市场行情变动，也必然会让山会地区民众获知灾情。

有一些信息则通过地方官府以粉壁张榜的形式获得。绍熙四年（1193）山会地区晚稻遭受旱灾歉收，宋廷蠲除了当地一些租赋，陆游高兴地写下了《水村曲》一诗："山村今年晚禾旱，奏下民租蠲太半。水村雨足米狼戾，也放三分慰民意。看榜归来迭歌舞，共喜清平好官府。……"① 就明确说是"看榜归来"欣喜而作。

开禧二年（1206）权臣韩侂胄（1152～1207）贸然兴兵北伐，即所谓的开禧北伐。不久宋兵大败，韩侂胄被杀，宋金再次和议。这一历史事件自然多出于君臣之间的密议，外人无由得知，但韩侂胄主政的宋廷为了鼓舞士气所采取的一些措施，无论是减免民户拖欠的赋税，还是招募士卒充实兵力，都必须向民众广而告之的。所以陆游在乡间才能"莫谓山村僻，时闻诏令传。宽民除宿负，募士戍新边。……"或者"传闻新诏募新军，复道公车纳群策"。②

不过陆游作为退居士人，自然有着比一般乡民更广的信息渠道，其中比较重要的应该来自宋廷向各地通报朝政的邸报。

---

① 《诗稿》卷二九《水村曲》，绍熙四年冬，第 4 册，第 1972 页。
② 《诗稿》卷六八《村舍得近报有感》。又同书卷七三《秋日村舍》，开禧三年秋，第 7 册，第 4009 页。

还是以开禧北伐事件为例，当时韩侂胄希望四川宋军出师夹击金国，攻取关中之地，任命吴挺之子吴曦为四川宣抚副使，委以重兵。不料吴曦却有异心，乘机勾结金人，在四川称蜀王，这就是最后导致开禧北伐失败重要原因之一的吴曦降金事件。开禧二年冬，陆游曾撰有《闻西师复华州》两首，① 清代赵翼（1727～1814）等人讨论此诗的编年，认为开禧二年宋兵并未进入关中，陆游可能是将庆贺绍兴三十二年（1162）宋军恢复陇上十六州事件的旧作，误编录于开禧二年。《诗稿》"题解"则认为可能是陆游"得诸讹传，未必补录少时旧作"。其实，在作《闻西师复华州》诗略早几日，陆游还有《书几试笔》一诗，应该与《闻西师复华州》同属一组，诗末有注文明言："偶见报西师复关中郡县，昔予常有卜居条、华意，因及之。"② 按绍兴末年陆游还未出仕蜀地，说"常有卜居条、华意"，显然不合情理，所以这两首诗不可能是其年轻时的旧作。陆游对蜀地之不能忘怀，自然是在从乾道五年（1169）起在四川任职八年以后的事情。注文所说的"偶见报"之"报"，应该就是指宋廷的邸报。《诗稿》编年系这两首诗于开禧二年冬，具体月、日未明。事实上，此年十二月二十三日，吴曦已在蜀地降金称王。陆游从邸报偶见的消息自然是滞后的，而且所谓"西师复关中郡县"，看来也是出于前线的谎报军情。也因此到第二年二月，杨巨源、李好义等人率众义士平定了吴曦之乱，并将他枭首函送行都，夏天，陆游遂又有

---

① 《诗稿》卷六九《闻西师复华州》，开禧二年冬，第 7 册，第 3852 页。
② 《诗稿》卷六九《书几试笔》，开禧二年冬，第 7 册，第 3848 页。

《闻蜀盗已平献馘庙社喜而有述》诗，感叹自己"老生自悯归耕久，无地能捐六尺躯"！① 他心系蜀地，志在恢复，以自己的诗作跟进了整个事件的发展。至于蜀乱既平、吴曦被献馘临安太庙的消息，他自然也是得之于邸报的。

这样一来，不免牵扯一个"技术性"问题，陆游究竟是通过怎样的途径看到邸报的呢？宋朝的邸报并不是现代意义上公开发行的报纸，它由进奏院编辑印行，下发到各地州军官府，类似于现在的政务公报。其中与民生直接相关的一些诏令，例如大赦、赋役、训诫等，由地方向民众榜示，大多则留存于州县，仅供官吏们传阅。陆游既然僻处乡野，以他的品级，地方官府也不可能专门派人递送上门，他如果想阅读邸报，除了亲自入城，看来主要就得依靠友人转告了。

事实上，陆游与士大夫群体的相互联系，无论是友人登门拜访，还是通过鸿雁传书，正是他获取外部世界信息的主要途径。

因此，僻居城西三山别业的陆游之欢迎客人来访，既为排遣寂寞，更为及时获取外部世界的信息，可以说无时不在企盼之中（见图版 13、14）。在他诗集中，留存有大量专为客至、俟客，或者闲居无客感到寂寞而作的诗篇。其中有几首比较有意思，值得一述。淳熙十年（1183）十一月，他在嘉州任职时相识的旧友张镃（功甫）有书信相约来访，陆游大喜，但是又感到有点不踏实，于是赶紧回赠一诗，《张功甫许见访以

---

① 《诗稿》卷七一《闻蜀盗已平献馘庙社喜而有述》，开禧三年夏，第 7 册，第 3952 页。

诗坚其约》，希望张镃一定要来，切勿爽约："吾曹此事期千
载，老眼相逢剩要惊。"① 他对于老友的来访望穿秋水，简直
近乎乞求了。有客来访之后，他常常也会留下诗作，以记其
事。例如绍熙五年（1194）秋，先后有徐居厚、汪叔潜、郑
唐老几位友人来访，于是他遂有《谢徐居厚汪叔潜携酒见访》
与《喜郑唐老相过》两诗，专记其事。② 有时，乡村的交通条
件竟然会成为影响来客相访的障碍。庆元五年（1199）夏，
山会地区久雨为潦，道路泥泞，三山别业因为邻近湖泊，通行
尤其不便，以至有客人到了村落附近，仍不能与陆游相聚，不
得不折回。

> 今年风雨多，平陆成沮洳。吾庐地尤下，积水环百
> 步。客从城市来，熟视却复去。僮奴笑欲倒，伞屐知无
> 路。计其各还家，对灶燎衣裤。

陆游对此当然更不能不专门留下诗篇，以记其事，并表达自己
"清言虽不接，亦足慰迟暮"的感激之情。③ 此外更多的就是
反映他俟客不至心情郁闷的诗篇了。例如绍熙三年（1192）
冬的《闲居无客，所与度日笔砚纸墨而已，戏作长句》诗，
"水复山重客到稀，文房四士独相依"。④ 在嘉泰元年（1201）

---

① 《诗稿》卷一五《张功甫许见访以诗坚其约》，淳熙十年十一月，第 3 册，第
1229 页。
② 见《诗稿》卷三○，第 4 册，第 2055、2056 页。
③ 《诗稿》卷三九《久雨路断，朋旧有相过者，皆不能进》，庆元五年夏，第 5 册，
第 2507 页。
④ 《诗稿》卷二六《闲居无客，所与度日笔砚纸墨而已，戏作长句》，绍熙三年冬，
第 4 册，第 1860 页。

春的《初春感事》一诗中，他还数起了无客来访的天数："马迹车声是处忙，经旬无客到龟堂。"① 有一次，陆游正在春困中发闷，儿子进来告诉说有一位僧人叩门，留下名刺后走了。于是他高兴地写下了"儿报山僧留刺去，未为无客到吾门"的诗句。②

陆游有时也出门访客，但在其诗篇中所见大多是在外出闲游中拜访或者偶遇山僧、野叟、村老、樵夫等的描述，这可能是在他行踪所及的乡村聚落中居住的士大夫友人并不太多之故吧。他偶尔也进绍兴府城，但记录很少。庆元五年（1199）春天他曾有诗，说自己自从丁巳年大火灾后至今才进城。③ 按丁巳年当指庆元三年（1197），则是他已有两年未进城。嘉泰三年（1203）冬天又有一次，从进城到出城他都专门题诗记录，④ 可知进城一次对于陆游来说并非常事。到晚年行动不便，进城自然就更少了，动辄"不入城门三岁余"，"三年不入城"。⑤ 他曾说自己"自尚书郎罢归，屏居镜湖上，郡牧部使者多不识面，至县大夫以耕钓所寄，尤避形迹，弗敢与通。惟两人曰山阴张君槖、会稽王君时会，相从欢然如故交"。⑥

---

① 《诗稿》卷四五《初春感事》，嘉泰元年春，第 5 册，第 2773 页。

② 《诗稿》卷四二《庚申元日口号》。

③ 《诗稿》卷三九《予数年不至城府丁巳火后今始见之》，庆元五年春，第 5 册，第 2484 页。参见施宿等《嘉泰会稽志》卷七《宫观寺院》："大善寺……庆元三年十一月，寺僧不戒于火，一夕煨烬。惟罗汉天王堂、浴堂、经院库堂仅存。"第 6825 页。

④ 参见《诗稿》卷五五《入城》、《出城》、《不入城半年矣作短歌遣兴》，嘉泰三年冬，第 6 册，第 3242、3243 页。

⑤ 《诗稿》卷七三《村翁》，开禧三年冬，第 7 册，第 4026 页；同书卷七八《秋日次前辈新年韵》（第三首），嘉定元年冬，第 8 册，第 4228 页。

⑥ 《文集校注》卷三七《王季嘉墓志铭》，第 4 册，第 140 页。

可知陆游很少进城还有避形迹躲嫌疑的意图。所以，他与外部世界的信息沟通就得更多依靠与友人的书信联系了。

《诗稿》中收录有大量的陆游与友人的酬唱之作。归纳起来，陆游与之交流密切的士人大体可有三个群体，其一是绍兴府籍，或者曾居住、任职于此地，出于各种原因与陆游相熟、交游者。例如北宋名臣韩琦（1008～1075）之孙韩肖胄（1075～1150）、韩膺胄，南宋时都寓居绍兴，韩、陆两家有通家之谊，陆游与他们的子弟多有往还，《诗稿》中就有他与韩肖胄之子韩晞道酬唱之作。① 陆游交流最多的自然是曾任职于绍兴、被陆游奉为业师的曾几（1084～1166）以及曾几的子弟们。《诗稿》中有不少陆游回忆、怀念曾几以及与曾氏后裔酬唱的诗篇，例如他在嘉定元年（1208）八十四岁时所作《梦曾文清公》："有道真为万物宗，才然使我叹犹龙。晨鸡底事惊残梦，一夕清谈恨未终！"② 晚年梦忆恩师，情深意切。其与曾氏后裔的交流酬唱，较多的如有前面提到的曾逮，还有曾几的曾孙曾黯等人。其二是绍兴年间他在临安府就学、应试期间结识的友人，其中比较热络的前辈有傅崧卿、李光，还有曾几等近十来人；同辈有胡杞、陈公实、叶黯、司马伋、曾逢、王明清、周必大、范成大、王十朋、韩元吉等，大约三十来人，所谓"早岁从诸杰，森然尽国华"。③ 到晚年八十四岁时，陆游撰《独坐》诗，在"六十年前故人尽"句下有自注，

---

① 《诗稿》卷四三《江东韩漕曦道寄杨庭秀所赠诗来求同赋作此寄之》，庆元六年夏，第 5 册，第 2679～2680 页。
② 《诗稿》卷七九《梦曾文清公》，嘉定元年，第 8 册，第 4303 页。
③ 《诗稿》卷二八《怀绍兴间往还诸公》，绍熙四年冬，第 4 册，第 1963 页。

感叹："绍兴中往还朋旧，今乃无一人在。"① 其三，则是他任职蜀中八年所结识的好友，有几位更成了生死之交，其中最亲密者当数张缜。张缜，字季长，蜀州江原县（今四川崇州江源镇）人，与陆游在兴元府的四川宣抚使司任上相识结交，谊笃终生。陆游庆元五年在《初冬有感》诗中就有附注说明："张季长居唐安，岁常通书。"② 还有好几首诗的附注都提到，"张季长今年尚未通书"；或者"张季长久不得书"等。③ 张缜于开禧三年（1207）春在江原去世，所以前引陆游《独坐》诗，更有"八千里外寄书稀"一句，其下自注："自张季长下世，蜀中书问几绝。"

　　从宋初起，朝廷允许官吏私人书信附入递铺，通过邮递系统传送，不过士人也有派专人送信或通过便人顺路附信的情况，陆游与其友人们相互间也应该是如此。便人不常有，专人成本太高，所以宋代士人通信主要依靠递铺。为了递送书信而远途派遣专人，当然更凸显双方的关系非凡了。庆元六年（1200）十二月二十一日，陆游收到六子子布来信，说他"已取安康襄阳路，将至九江矣"，陆游悲喜交怀，作长句以记述之。子布的这封信是派遣西和州（今属于甘肃陇南）士卒专程送来的。④ 负笈远游，回乡不易，派遣兵卒专程送家信，以解老父牵挂之情，可以理解。又绍熙五年（1194）冬天的

---

① 《诗稿》卷七九《独坐》，嘉定元年秋，第8册，第4271页。
② 《诗稿》卷四一《初冬有感》，庆元五年冬，第5册，第2589页。
③ 参见《诗稿》卷四四《枕上作》，庆元六年秋冬间，第5册，第2718页；《诗稿》卷四五《流年》，庆元六年冬，第5册，第2755页。
④ 《诗稿》卷四五《庚申十二月二十一日，西和州健步持子布书，报已取安康襄阳路，将至九江矣。悲喜交怀，作长句》，庆元六年冬，第5册，第2765页。

《闭户》诗，句下有自注："蜀兵来，得张季长归唐安江原书。"可知张缜这次来信也是派专人送达的，这就更凸显他与陆游之间情谊之深，的确可谓"万里知心一纸书"。①

那么，陆游与友人们的相互酬唱，主要谈些什么内容呢？陆游一生志在恢复，他在自己的诗篇中自然会咏及国事，但是在与友人酬唱的诗作中，除了自然、友情等之外，却极少见有涉及时政之处。例外的一次是淳熙八年（1181）十一月的《寄朱元晦提举》诗。②那年秋天绍兴地区水灾严重，饥荒"昔所未有"。朱熹出任浙东路提举常平官，主持赈灾工作。陆游寄诗朱熹：

> 市聚萧条极，村墟冻馁稠。劝分无积粟，告籴未通流。民望甚饥渴，公行胡滞留？征科得宽否，尚及麦禾秋。

他批评朱熹赈灾行程似有滞缓，并希望朱熹能向朝廷提出建议，缓征当地两税。这无疑是因为灾情太重，情急之下才有的直率表达。除此之外，像这样"干涉"地方行政的文字几乎不可见。又如他与辛弃疾（1140～1207），文名相当，志趣相投，相互间也多有文字往来。辛弃疾于嘉泰三年（1203）六月至十二月曾出知绍兴府，在任期间与陆游自然会有比较多的联系互动。开禧元年（1205）陆游的《草堂》诗，有附注说

---

① 《诗稿》卷三一《闭户》，绍熙五年冬，第4册，第2092页。
② 《诗稿》卷一四《寄朱元晦提举》，淳熙八年十一月，第3册，第1104页。

"辛幼安每欲为筑舍，予辞之，遂止"。① 这应该就是辛弃疾在知绍兴府任上或稍后之间的事。估计当时辛弃疾曾经造访三山别业，看到过别业屋宇状况，才会有"欲为筑舍"的提议。辛弃疾从知府任上得命回朝，陆游也赠有送别诗。② 但从目前存世的两人往来文字看，全无涉及时政之处。陆游出于各种原因，难免与朝堂权势人物或地方官员有文字往来或事务交涉，但在他文集与诗稿中保留下来的却极少。其原因不外两个方面，一是本来就不多，二是确曾撰写过少量篇目，后来在编辑诗文集时也被有意剔除未予收录，例如他替韩侂胄撰写的那篇《南园记》就是。

据此看来，陆游蛰居乡村，在与官府打交道时，的确如他自己所说的，刻意低调，"尤避形迹"，并未主动对地方社会施展其可能的政治影响。

二　八世为儒

不过，陆游蛰居乡村数十年，尤其到晚年，困于体衰家贫，痛感家业不振，临终前还在"但悲不见九州同"，对恢复大业未成无限惆怅，心情难免压抑。这就使得他有时既羡慕村落耕夫生活的踏实平稳，但同时却又放不下业儒兴家的精英路线，坚持让子嗣读书应举，常常不免陷于矛盾心境之中（见图版15）。

---

① 《诗稿》卷六一《草堂》，开禧元年春，第7册，第3488页。
② 《诗稿》卷七《送辛幼安殿撰造朝》，嘉泰四年春，第6册，第3314~3315页。

陆游诗集中收录有许多抱怨读书应举不如农耕，甚至不如工商各业的作品，淳熙十年十月所作的《书生叹》比较典型：

> 君不见城中小儿计不疏，卖浆卖饼活有余，夜归无事唤俦侣，醉倒往往眠街衢。又不见垄头男子手把锄，丁字不识称农夫，筋力虽劳忧患少，春秋社饮常欢娱。可怜秀才最误计，一生衣食囊中书，声名才出众毁集，中道不复能他图，抱书饿死在空谷，人虽可罪汝亦愚。呜呼，人虽可罪汝亦愚，曼倩岂即贤侏儒！①

当时他正以祠官闲居三山，心情抑郁，因此才有此"可怜秀才最误计"之叹。在这以后，他更以闲居为主，特别是到了晚年，像这样的感叹也就越来越多了。如绍熙二年（1191）《示儿》，"愿儿力耕足衣食，读书万卷真何益"；庆元四年（1198）《杂感》，"劝君莫识一丁字，此事从来误几人"；嘉泰元年《七侄岁暮同诸孙来过偶得长句》，"四朝遇主终身困，八世为儒举族贫"；直到嘉定二年（1209）他八十五岁时所写的《春日杂兴》诗，仍称"一生衣食财取足，百世何妨常作农"。②

与此同时，陆游又时时不忘督责儿子们的举业，正如在前文所引嘉泰元年夏天的那首《舍西晚眺示子聿》诗中，他勉

---

① 《诗稿》卷一五《书生叹》，淳熙十年十月，第 3 册，第 1219～1220 页。
② 以上见《诗稿》卷二二《示儿》；同书卷三六《杂感》（第二首），庆元四年春，第 5 册，第 2354 页；同书卷四九《七侄岁暮同诸孙来过偶得长句》，嘉泰元年冬，第 6 册，第 2953 页。又同书卷八一《春日杂兴》（第二首），嘉定二年春，第 8 册，第 4358 页。

励小儿子"嗟予久合堕鬼录，怜汝犹能读父书。西望牛头渺天际，永怀吾祖起家初"。子坦、子遹（子聿）不得不"废书出"，前去向佃农敛租，他大表慰劳。小儿子子遹读书"常至夜分"，他"每听之辄欣然忘百忧"。① 他还寄语孙子元用，"会看神授如椽笔，莫改家传折角巾"。② 有时他虽然抱怨自己生平不算成功，但对儿子们都能够恪守儒业，却又表示"小儿可付巾箱业，未用逢人叹不遭"。③ 在这里，除了作为儒生放不下精英身份，不愿意让子嗣们"委其为乡人"，执着于业儒兴家的立场之外，重要的还在于陆游对于儒家传统的治国平天下理念的坚持。正如绍熙二年（1191）《五更读书示子》一诗所揭示的："吾儿虽恋素业存，颇能伴翁饱菜根。万钟一品不足论，时来出手苏元元。"④ 他指望着有朝一日时来运转，儿孙们能够"出手苏元元"，解万民于倒悬之中。这显然是将自己一生未竟的事业寄托在了儿孙们的身上。

为了儿孙们的举业，陆游不得不投入相当的精力与财力。绍熙五年（1194）冬，他记述儿子入城求师，"小儿破帽出求师，老父寒炉夜画诗"。⑤ 诗句没有说明是哪个儿子，估计是小儿子子遹。博学如陆游，儿孙们准备科考，也不得不别求他人指教，这或许有陆游自己年岁已高、精力不济的原因，更重要的还在于南宋时期应付科考的教馆已经成为一种专门的职

---

① 《诗稿》卷五〇《子聿以刚日读〈易〉，柔日读〈春秋〉，常至夜分。每听之辄欣然忘百忧。作长句示之》，嘉泰二年春，第 6 册，第 2992 页。
② 《诗稿》卷三四《示元用》。
③ 《诗稿》卷二三《冬夜读书》，绍熙二年冬，第 4 册，第 1717 页。
④ 《诗稿》卷二三《五更读书示子》，绍熙二年冬，第 4 册，第 1725 页。
⑤ 《诗稿》卷三一《小儿入城》，绍熙五年冬，第 4 册，第 2096 页。

业，有不少应对考试的技艺，而且城市是传播关于科考动向消息的中心，这也是前文提到的当时士人倾向城居的一大原因。与此同时，陆游在诗文中虽然也常常描写他与儿孙们一起读书的情形，却也得依靠延聘塾师来负责儿孙们的教育。嘉泰二年（1202）《春晓》诗"老病自怜犹嗜学，诵书家塾羡诸生"句下，自注曰："新馆一客，诸孙晨兴入学，诵书颇盛。"① 陆游曾经记述，南宋山会农村有在冬季三个月送子弟入小学的风气，"所读《杂字》《百家姓》之类，谓之村书"，为的是"识字粗堪供赋役"，② 长大后方便与官府打交道。不过陆游家里的这个家塾并非只读村书的小学，而是为了培养孙辈们应试考科举的。有时，他还担心儿孙们夜间读书声音太响，会影响邻居们的休息，"妇女晨炊动井臼，儿童夜诵聒比邻"。可见晚年陆游虽然一再叹穷，仍专门为儿孙们聘有塾师，家庭教育无疑是乡宦之家重要的与必不可少的生活开支，他们家庭的经济开支要求与一般农民是不能用同一个水准去衡量的。

可惜的是，尽管如此的坚持与投入，根据地方志的记载，至少到其孙辈为止，陆游后裔在科考上都不怎么成功。这可以成为科举社会人们的垂直流动性（社会地位）比之前代明显增大的一个案例，同时也让我们看到，坚持以儒自守、"莫改家传折角巾"的士人阶层，在南宋的乡村世界里的存在与其社会特点。

---

① 《诗稿》卷五〇《春晓》，嘉泰二年春，第 6 册，第 3000 页。
② 参见《诗稿》卷一《观村童戏溪上》，乾道三年，第 1 册，第 103 页；同书卷二五《秋日郊居》（七）。

三　社会角色

那么，以陆游为代表的坚持以儒自守的士人们，在当时的乡村世界与其他阶层处于怎样的一种关系之中，扮演着怎样的社会角色呢？

陆游是仕宦阶层在山会乡村的代表。前文已经说明，陆游的诗文中描述、记录其在日常生活中与地方士林友人交往者并不多，比较多的倒是他在与乡邻村民交往过程中的士人角色的反映。"垫巾风度人争看，蜡屐年光我自悲"。[①] 尤其到晚年，"朝骑小蹇涉烟村，拥路争看八十身"，[②] 其罕见的高寿更成了乡邻关注的重点。

归纳而言，比较凸显其士人身份的社会活动有两个方面：

其一，是他的施教自娱。

前文已经提到，南宋浙东农村，村民小童"三冬暂就儒生学"，比较普遍。陆游闲居之余，常在这类冬学中以授书施教自娱。"儿童冬学闹比邻，据案愚儒却自珍。授罢村书闭门睡，终年不着面看人。"[③] 这既是他嘲，更是自嘲。所以才有"客归我起何所作，《孝经》《论语》教儿童"之句。[④] 对于儿孙，他自夸"垂世诗书在，儿童勿外求"。[⑤] 对邻里，他则是

---

① 《诗稿》卷一六《雨中过东村》，淳熙十一年秋，第 3 册，第 1289 页。
② 《诗稿》卷五八《出近村归偶作》。
③ 《诗稿》卷二五《秋日郊居》（第七首）。
④ 《诗稿》卷五七《农事稍间有作》，嘉泰四年夏，第 6 册，第 3324 页。
⑤ 《诗稿》卷三五《秋夜纪怀》（第二首），庆元二年秋，第 5 册，第 2273 页。

"薄才施畎亩，朴学教儿童"。① 村学之普遍化，虽说主要还是为了"识字粗堪供赋役"，但无疑是科举社会以及儒家思想深入影响基层社会的重要渠道。像陆游这样的乡居士人在其中发挥着举足轻重的作用。

有时，这样的授书活动并不限于村学儿童，还延及成年人。如《记东村父老言》诗："行行适东村，父老可共语。披衣出迎客，芋栗旋烹煮。自言家近郊，生不识官府。甚爱问孝书，请学公勿拒。我亦为欣然，开卷发端绪。讲说虽浅近，于子或有补。……"② 其影响就更广了。当然，相比于直接的"开卷发端绪"，陆游之对于乡邻的"施教"，更为重要的还在于日常接触中言行的影响。

其二，是其他与文化知识相关的活动。

陆游诗文中记述较多的，是向乡邻施药。宋代士人喜读医书，业余习医者不少，陆游可为典型，前文已有所讨论。尤其如诗句所述，"村翁不解读本草，争就先生辨药苗"，他还向乡邻普及医药知识。有意思的是《山村经行因施药》诗第三首所记："儿扶一老候溪边，来告头风久未痊。不用更求芎芷辈，吾诗读罢自醒然。"③ 读诗治头风病，自然是戏语，事实上还是得施药医治的。不过这也相当直观地反映了陆游的士大夫身份及其所代表的文字知识在乡村社会的有形无形的影响力。

此外，在日常生活中陆游还会参与一些与文字书写相关的

---

① 《诗稿》卷七八《农家》，嘉定元年秋，第 4247 页。
② 《诗稿》卷五五《记东村父老言》。
③ 《诗稿》卷六五《山村经行因施药》（第三首），开禧元年冬，第 7 册，第 3674 页。

事务。例如他在诗句中提到"开学教牛经，坐市写驴券"，①既据传世农学谱录，向邻里传授牛经知识，② 又在乡市替人书写牛驴等大型牲口交易的契书。又如《农家》诗第四首提到"僧乞铭师塔，巫邀赛土神"，③ 应邀为僧侣撰写碑铭，或者参加乡里祭赛活动，也是士人在乡村参与社会活动的重要内容。此外他也常替乡邻们作插秧歌，"吴盐雪花白，村酒粥面浓，长歌相赠答，宛转含豳风"。那大概是会请人咏唱的吧。④

有时候，陆游还会赠诗于乡村农夫，与他们直接通过文字来做交流。尽管那些农夫不一定能够读得懂，不过能够得到一代文豪的赠诗，其文化感染力无以复加。例如前文所引的《山行赠野叟》诗就是。开禧二年（1206）冬天某日，陆游泛舟外出闲行，路过金家埂村，就专门赋诗赠送给了卖薪王翁："卖薪自可了盐酪，治地何妨栽果蔬。我老钝顽请半俸，比渠只有不能如。"⑤

那么，这样的一些社会活动，是否可能赋予陆游们在乡村社会中某种"权力"呢？值得思考。

陆游的身份地位使得他必然与地方官府建立有某种联系，"州家遣骑馈春酒"，这无疑会使他对地方社会拥有相当直接

---

① 《诗稿》卷七二《书室杂兴》（第四首），开禧三年秋，第7册，第4006页。
② 按：陆游未明言他向邻里传授的"牛经"是哪一本谱书。据其《石帆夏日》（第一首），"自笑若为消永日，异书新录《相牛经》"（《诗稿》卷六二，开禧元年夏，第6册，第3534页），疑为当时流行的其序言题编者为"宁戚"的《相牛经》一书。见马端临《文献通考》卷二二○《经籍考四七》，中华书局，2011，第10册，第6115页。
③ 《诗稿》卷七八《农家》（第四首）。
④ 《诗稿》卷二九《夏四月渴雨恐害布种代乡邻作插秧歌》。
⑤ 《诗稿》卷六九《泛舟过金家埂赠卖薪王翁》（第三首），开禧二年冬，第7册，第3872页。

的影响力。例如绍兴府城西的法云寺，本为陆氏功德院，南宋初为战火所毁，后虽经多任主持僧募捐重建，但毕竟今不如昔。淳熙年间，陆游从蜀地任职回乡，"始言于府"，逐去了一个他认为不任事的住持，另请僧人契彝主事，并且"以大屋四楹施以为观音大士殿"，① 使法云寺基本恢复了旧时规模，陆氏家族的地方影响力也必然因此得到扩张。陆游有时还会对地方官府怠慢自己发几句牢骚，这可能也体现了他对自己的某种角色期待。不过，"呼儿了租赋，莫待县符催"，② 或者更可见陆游自我约束与立德修身的处世原则。

前文曾引《小舟白竹篷盖保长所乘也偶借至近村戏作》诗，指出陆游之所以对乡村都保正等职役人员另眼相看，无非是因为他们是国家权力在乡村的代理人。这或者可以说明，至少在南宋山会地区，"集族权、绅权于一身的乡绅势力"③ 控制乡村社会的想象略嫌夸张，居乡村社会各种权力关系核心的仍然是乡里组织及其头目。

总之，在乡村世界里，陆游们扮演着精英文化代表的社会角色，帝制后期以儒学为核心的精英文化之向基层社会的渗透，陆游这样的乡居士人无疑是最重要的推动者之一。

---

① 《文集校注》卷一九《法云寺观音殿记》，第 2 册，第 268 页。
② 《诗稿》卷三一《幽居》，绍熙五年冬，第 4 册，第 2086 页。
③ 林文勋、谷更有：《唐宋乡村社会力量与基层控制》，云南大学出版社，2005，第 182 ~ 183 页。

结　语

　　陆游的乡村世界是一个稻作经济发展成熟的农耕社会。

　　发展成熟的标志表现在山会地区的平原水网地带已经得到充分开发，在当时的技术条件之下接近饱和，南部丘陵山区的经济拓展也达到了相当的深度，并与平原地带相配合，为农业经济的整体多样性提供了优异的基础条件；主要农作物水稻品种繁多，亩产量比前代明显提高，还有不少其他粮食作物，例如麦子、穄粟、菽豆等，与水稻共同构成了完整的种植体系；桑麻等纺织品生产丰富，技术水平提高；与小农自足经济相配合的不同层级的村市星罗棋布，商品交换网络深入乡野，满足了乡民日常米盐交换以及大宗农产品转输外部世界的需要；农业经济的发展是以本地区民众辛勤的劳动投入为前提的，他们的日常生活虽然不尽富裕，但仍然有一定的盈余，这就使得本地区人口的持续增长有了可能。在这一成熟农耕经济之上形成的区域社会，它的管理机制——无论是外部通过国家机器表现的政府管理，还是内部的乡民自我组织，也都已经相当周到复杂，以使其在今后八百年之中，长期占据我国最发达地区位置的长江三角洲，一直是必不可少的重要组成部分。

　　同样重要的是，成熟的农耕经济孕育出了精致的思想文化，主要表现为民风民俗的基层文化与主要由社会上层掌握的精英文化，是它相辅相成的两个方面。由陆游这样的士大夫阶层所代表的，正是精英文化的主流——从北宋前期开始转型的儒学，当然还有文学以及其他方面。在陆游们的努力之下，帝制后期的中国开始了儒学渗透基层社会的长途之旅，并最终将它转变成了一个儒学化的社会。士大夫们"僻居乡野"的坚持，是它的重要推动力。

关于宋代乡村权势人物的社会角色，学者做过一些类型化的归纳，不过在现实生活中，人们的性格往往有其多面性与复杂性，不一定与概念化的类型完全吻合。陆游的乡居生活可以给我们关于南宋时期各种不同类型乡宦的一个具体案例，它有几个特点比较显著。

首先，陆游无疑属于"长者"，而非"豪强"。无论从他的贷粮给佃户，强调"客主更相依"，还是与家里几个奴仆婢女的融洽关系，"佣耕食于我，客主同爨炊"，及其与乡邻之间的和谐共处，"交好贫尤笃，乡情老更亲"，都说明了他的"长者"身份。当然，这些记述都出于陆游本人，或许有自我表白之嫌。不过陆游是名人，如果其人品的确有缺陷，难免在历史文献中留下蛛丝马迹，存世的其他记载中似乎并未见到反证。

其次，两宋时期的一些乡宦人物虽处江湖之远，仍然不忘儒生治国平天下的初衷，热心时政，尤其积极参与地方事务。陆游与他们有不同，他屏迹于乡野，尽管国事家事天下事事事关心，但是恪守退居立场，处世行文都尽可能不涉及时政，特别注意不插手地方事务，"尤避形迹"。这或许也与他在官场中的地位及其一向所任职务的特点有关。总之，在退居之后采取与陆游相类似处世方针的乡宦估计不少，不应忽视。

再次，陆游的独特之处在于他作为一代文豪、当世诗宗，尽管僻居乡野，仍然能够对文坛产生广泛影响，这也许是他在被贫困与衰老所困扰的乡居生活中的一个重要精神支柱。在与士林旧友持续不断的诗文酬唱交流之外，一直不断有慕名者前来求诗、赠物，正是他的这种影响力的表现。现收录于《诗稿》的《谢王彦光提刑见访并送茶》《江东韩漕晞道寄杨庭秀所赠诗来求同赋作此寄之》《耒阳令曾君寄禾谱农器谱二书求诗》《宋朝曹屡寄诗且督和答作此示之》等许多诗篇，① 都是明证。

最后，对于笔者而言，阅读陆游，除了享受其诗句之平易清新，其对乡村生活细致入微的咏吟，更赞赏他对贫困下户的同情，敬佩他在"齐民一饱勤如许，坐食官仓每惕然"② "吾侪饭饱更念肉，不待人嘲应自知"等诗句中所表现的清醒与自持。也许，正是这种难得的自知之明，使得他的诗篇拥有了永远的生命力。

当然，陆游也肯定相当清醒明了，他拥有的所有社会地位与影响力全部来自皇权国家。陆游的乡村世界无疑是赵宋国家的王土，并非官府权力鞭长莫及的世外桃源。

---

① 参见《诗稿》卷一，第 1 册，第 72 页；卷四三，第 5 册，第 2679 ~ 2680；卷六七，第 7 册，第 3771 页；卷七九，第 8 册，第 4276 页。

② 《诗稿》卷三七《露坐》（立秋前五日）（第二首），庆元四年夏，第 5 册，第 2384 页。

参考文献

一 史籍

班固：《汉书》，中华书局，1962。

不署编撰者《名公书判清明集》，中华书局，1987。

曹彦约：《昌谷集》，《景印文渊阁四库全书》第1167册，台北，台湾商务印书馆，1983。

陈淳：《北溪先生大全集》，《宋集珍本丛刊》第70册，线装书局，2004，影印明钞本。

陈傅良：《陈傅良先生文集》，浙江大学出版社，1999。

陈造：《江湖长翁集》，《宋集珍本丛刊》第60册，线装书局，2004，影印万历刻本。

陈著：《本堂集》，《景印文渊阁四库全书》第1185册，台北，台湾商务印书馆，1983。

程珌：《程端明公洺水集》，《宋集珍本丛刊》第71册，线装书局，2004，影印嘉靖刊本。

窦仪：《宋刑统》，法律出版社，1999。

杜佑：《通典》，中华书局，1988。

范成大：《范石湖集》，上海古籍出版社，2006。

方回：《续古今考》，《景印文渊阁四库全书》第 853 册，台北，台湾商务印书馆，1983。

冯桂芬：《校邠庐抗议》，沈云龙主编《近代中国史料丛刊》第 62 辑，文海出版社，1966，影印光绪二十三年聚丰坊刻本。

洪迈：《容斋随笔》，中华书局，2005。

洪适：《盘洲文集》，《宋集珍本丛刊》第 45 册，线装书局，2004，影印傅增湘校清光绪刻本。

黄榦：《勉斋先生黄文肃公文集》，《宋集珍本丛刊》第 67 册，线装书局，2004，影印元刻本。

黄彦平：《三馀集》，《丛书集成续编》第 127 册，台北，新文丰出版公司，1988，影印南城谊秋馆刻本。

黄震著，张伟、何忠礼整理《黄震全集》，浙江大学出版社，2013。

李纲：《李纲全集》，王瑞明点校，岳麓书社，2004。

李焘：《续资治通鉴长编》，中华书局，2004。

李元弼：《作邑自箴》，《历代官箴书》第 1 册，黄山书社，1997。

郦道元撰，陈桥驿校证《水经注校证》，中华书局，2007。

林逋：《林和靖诗集》，浙江古籍出版社，1986。

刘克庄撰，辛更儒笺校《刘克庄集笺校》，中华书局，2011。

刘昫：《旧唐书》，中华书局，1975。

刘宰：《漫塘文集》，嘉业堂丛书本。

楼钥：《攻媿集》，浙江古籍出版社，2010。

鲁迅：《鲁迅全集》，人民文学出版社，1980。

陆游：《放翁家训》，李昌宪整理，上海师范大学古籍整理研究所编《全宋笔记》第 5 编第 8 册，大象出版社，2012。

陆游撰，马亚中、涂小马校注《渭南文集校注》，浙江古籍出版社，2015。

陆游撰，钱仲联、陈桂生校注《放翁词校注》，《陆游全集校注》第 8 册，浙江教育出版社，2011。

陆游撰，钱仲联校注《剑南诗稿校注》，上海古籍出版社，2005。

罗濬等：《宝庆四明志》，《宋元方志丛刊》第 5 册，《宋元四明六志》，中华书局，1990，影印咸丰四年（1854）。

吕南公：《灌园集》，《景印文渊阁四库全书》第 1123 册，台北，台湾商务印书馆，1983。

马端临：《文献通考》，中华书局，2011。

强至：《祠部集》，《景印文渊阁四库全书》第 1091 册，台北，台湾商务印书馆，1983。

秦观著，徐培均笺注《淮海集笺注》，上海古籍出版社，1994。

秦九韶：《数书九章》，《景印文渊阁四库全书》第 797 册，台北，台湾商务印书馆，1983。

桑瑜：《弘治常熟县志》，《四库存目丛书》史部第 185 册，齐鲁书社，1997。

施宿等：《嘉泰会稽志》，《宋元方志丛刊》第 7 册，影印嘉庆十三年（1808）刻本，中华书局，1990。

舒岳祥：《阆风集》，嘉业堂丛书本。

司马迁：《史记》，中华书局，1959。

宋祁：《景文集》，《景印文渊阁四库全书》第1088册，台北，台湾商务印书馆，1983。

脱脱：《宋史》，中华书局，1977。

王十朋著，《梅溪集》重刊委员会编《王十朋全集》，上海古籍出版社，1998。

王炎：《双溪文集》，《宋集珍本丛刊》第63册影印清抄本，线装书局，2004。

王禹偁：《王黄州小畜集》，《宋集珍本丛刊》第1册，线装书局，2004，影印宋绍兴刻本。

王穉登：《客越志》卷上，《王百穀集》十九种四十卷，《丛书集成续编》第65册，上海书店，1994，明刻本。

魏收：《魏书》，中华书局，1974。

文天祥：《文山集》，江西人民出版社，1987。

吴曾：《能改斋漫录》，上海古籍出版社，1979。

吴自牧：《梦粱录》，上海师范大学古籍整理研究所编《全宋笔记》第8编第5册，大象出版社，2017。

谢深甫监修《庆元条法事类》，杨一凡、田涛主编《中国珍稀法律典籍续编》第1册，黑龙江人民出版社，2002。

徐幹：《中论》，《四部丛刊》初编，商务印书馆，1936。

徐松辑《宋会要辑稿》，刘琳等点校，上海古籍出版社，2014。

严复撰，王栻主编《严复集》，中华书局，1986。

杨万里撰，辛更儒笺校《杨万里集笺校》，中华书局，2007。

袁采：《袁氏世范》，天津古籍出版社，1995。

张淏：《宝庆会稽续志》，《宋元方志丛刊》第 7 册，影印嘉庆十三年（1808）刻本，中华书局，1990。

郑樵：《通志二十略》，中华书局，1995。

朱熹：《晦庵先生朱文公文集》，修订版《朱子全书》第 20～25 册，上海古籍出版社、安徽教育出版社，2010。

黎靖德编《朱子语类》，中华书局，1994。

庄绰：《鸡肋编》，中华书局，1983。

〔日〕成寻：《新校参天台五台山记》，王丽萍校点，上海古籍出版社，2009。

二　论著

包伟民：《宋代的村》，《文史》2019 年第 1 辑。

包伟民：《再论南宋国家财政的几个问题——答刘光临君》，《台大历史学报》第 46 期，2010 年 12 月。

包伟民主编《江南市镇及其近代命运》，知识出版社，1998。

曾雄生：《试论占城稻对中国古代稻作之影响》，《自然科学史研究》1991 年第 1 期。

曾雄生：《宋代的双季稻》，《自然科学史研究》2002 年第 3 期。

曾雄生：《析宋代"稻麦二熟"说》，《历史研究》2005 年第 1 期。

陈桥驿：《历史时期绍兴地区聚落的形成与发展》，《地理学报》1980 年第 1 期。

程民生:《宋代物价研究》,人民出版社,2008。

费孝通:《江村经济》,《费孝通文集》第 2 卷,群言出版社,1999。

傅俊:《南宋的村落世界》,博士学位论文,浙江大学,2009。

韩昇:《南北朝隋唐士族向城市的迁徙与社会变迁》,《历史研究》2003 年第 4 期。

黄桂:《潮州金城稻考》,《农业考古》1999 年第 1 期。

李根蟠:《长江下游稻麦复种制的形成和发展——以唐宋时代为中心的讨论》,《历史研究》2002 年第 5 期。

梁庚尧:《南宋的农村经济》,台北,联经出版事业公司,1984。

梁庚尧:《宋代社会经济史论集》,台北,允晨文化实业股份有限公司,1997。

林文勋、谷更有:《唐宋乡村社会力量与基层控制》,云南大学出版社,2005。

任放:《二十世纪明清市镇经济研究》,《历史研究》2001 年第 5 期。

盛鸿郎主编《鉴湖与绍兴水利》,中国书店,1991。

游修龄:《占城稻质疑》,《农业考古》1983 年第 1 期。

中国陆游研究会、绍兴市陆游研究会主编《陆游与南宋社会——纪念陆游诞辰 890 周年国际学术研讨会论文集》,中国社会科学出版社,2017。

邹志方:《陆游研究》,人民出版社,2008。

〔美〕施坚雅（G. William Skinner）主编《中华帝国晚期的城市》（*The City in Late Imperial China*），叶光庭等译，中华书局，2000。

〔日〕谷川道雄：《中国中世社会与共同体》，马彪译，中华书局，2002。

〔日〕斯波义信：《宋代江南经济史研究》，方健、何忠礼译，江苏人民出版社，2001。

后　记

　　这本小册子是在一篇同题论文的基础之上扩展改写而成的。当初草成那篇论文时，曾请一位年轻朋友提意见，他建议改写成专书，我也觉得不妨一试，但因缠于世务，一时未能着手。今年春节前到舟山访亲，不料正逢时疫暴发，为之所困，不便返回杭州家中。疫情的加剧，心境难平，蛰居孤岛，手边无书，更加百无聊赖，每日枯坐。于是试着强迫自己利用电脑硬盘所存的资料，开始了这本小册子的写作。等到一个半月后最终离开舟山时，已经写了大半。回到杭州后又因家慈旧疾恶化，送医住院，时疫影响下医院里的种种繁难与不便，催着我在愤怒与痛苦的心境之下不再仔细琢磨，匆匆完成了书稿。

　　至于本书叙述的形式，是想借助于陆游诗作的清丽优美，尽量使它适合于更多的读者。而且本书的内容，不少都是利用陆游的诗句，来进一步论证或充实学界业已提出的一些看法，本人的创见原本不多。大概只有从专注"理论"分析转向侧重历史叙述，从悬浮于国家制度转向深入日常生活，的确是比较集中反映了本人近年来学术思考的内容。所以一方面在行文中尽可能平易，使之通俗化，同时又试图恪守基本的学术规范，例如凡直接引文都严格按照学术规范注明文献出处，不避烦琐之嫌。前人的经验早已证明，像这样脚踏两只船的做法，结果总是两头都不讨好。但也不欲再作推敲，先交付印行，一切由读者评判吧。

庆元二年（1196）春天，陆游撰《感事》诗四首，第二首曰："堂堂韩岳两骁将，驾驭可使复中原。庙谋尚出王导下，顾用金陵为北门！"[①] 这是他存世诗作中少见的对朝政直接发泄愤懑不满的篇目。放翁这是在告诫世人，庙堂谋画，事关万民休戚，可不慎哉！

包伟民

2020 年 3 月 22 日草就于杭州小和山

附志：一天前，杭州市新冠肺炎防控指挥部就疫情防控措施调整，发布公告，为尽快恢复正常生产生活秩序，各类企事业单位、楼宇、景区、宾馆、商场、地铁、公交、出租车等公共场所和交通工具，取消"测温＋亮码"等管控措施。

---

① 《诗稿》三四《感事》，庆元二年春，第 5 册，第 2246 页。

图书在版编目（CIP）数据

陆游的乡村世界 / 包伟民著. －－北京：社会科学
文献出版社，2020.9（2024.11 重印）
ISBN 978 - 7 - 5201 - 6829 - 8

Ⅰ.①陆…　Ⅱ.①包…　Ⅲ.①村史 - 研究 - 浙江 - 南
宋　Ⅳ.①K295.55

中国版本图书馆 CIP 数据核字（2020）第 115977 号

陆游的乡村世界

著　　者 / 包伟民

出 版 人 / 冀祥德
组稿编辑 / 郑庆寰
责任编辑 / 宋　超
责任印制 / 王京美

出　　版 / 社会科学文献出版社·历史学分社（010）59367256
　　　　　　地址：北京市北三环中路甲 29 号院华龙大厦　邮编：100029
　　　　　　网址：www.ssap.com.cn
发　　行 / 社会科学文献出版社（010）59367028
印　　装 / 北京盛通印刷股份有限公司

规　　格 / 开　本：787mm × 1092mm　1/16
　　　　　　印　张：12.75　插　页：1.5　字　数：134 千字
版　　次 / 2020 年 9 月第 1 版　2024 年 11 月第 5 次印刷
书　　号 / ISBN 978 - 7 - 5201 - 6829 - 8
定　　价 / 79.00 元

读者服务电话：4008918866